ウマイヤ・モスク（ダマスカス，シリア）
ウマイヤ朝のカリフ＝ワリード１世（在位705～715）が首都ダマスカスに建てさせた金曜モスク。
修復や増改築を繰り返しながらも，創建当時の姿を今に伝えている。

ウマイヤ・モスクの礼拝室（ダマスカス）
礼拝時間外の様子。座り込んで本を読んでいる人もみえる。円柱を背にした教師を生徒たちが囲んで講義がおこなわれることもあった（本文66頁）。

旧ザーヒリーヤ学院モスクの礼拝室（アレッポ，シリア）
礼拝の様子。現存するマドラサの多くは，モスクとして用いられている。

旧スルターン・ハサン学院モスク
(カイロ，エジプト)
マムルーク朝スルターン＝ナースィル・ハサン(在位1347〜51，54〜61)が創設したマドラサの建物。当時としては最大規模のマドラサであった(本文63頁)。

モスクの説教師
説教壇(ミンバル)に立つ説教師の話に聴衆が耳を傾けている。説教師もイスラーム学者が務める仕事の一つである。

クルアーン古写本（9世紀）
古い書体のアラビア文字で羊皮紙に書かれている。赤い丸印は母音符号。文字弁別点は記されていない（本文9頁）。

モスクでクルアーンを学ぶ少年たち（ガザ，パレスチナ）
礼拝時間以外のモスクでは，車座になってクルアーンやハディースを学ぶ姿がみられる。中世にもこのような光景がみられたことであろう（本文62頁）。

イスラームを知る

2

聖なる学問、俗なる人生

中世のイスラーム学者

Taniguchi Junichi

谷口淳一

聖なる学問、俗なる人生　中世のイスラーム学者　目次

イスラームを支える学者たち　001

第1章　イスラーム学者の登場　005

クルアーン正典の結集　アラビア文字の改良とクルアーン読誦学
ハディース学と法学のはじまり　ハディース学と法学の発展
クルアーン被造説をめぐる異端審問　伝統主義の勝利

第2章　学問修得の方法　027

宗派の形成と学問修得方法の定式化　読誦の重視
口承・暗誦の重視とその背景　師につくこと
学統に対するこだわり　より良い学統を求めて
十四世紀ダマスカスにおける聴講記録

第3章　職業としてのイスラーム学者　054

裁判官（カーディー）の仕事　マクタブとマドラサ
ワクフによる運営　マドラサ教授
マクタブ教師　ファトワー集にみるマクタブ教師の関心事
学問を活かす職業の是非

第4章　地域のなかの学者　085
アブー・ジャラーダ家のアレッポ移住　学者名家への道
十字軍の来襲とアレッポの危機　アレッポを救った裁判官
宗派問題の激化　アブー・ジャラーダ家に対する抑圧
カマール・アッディーン・ウマル　マドラサ教師と外交使節
アブー・ジャラーダ家のその後

コラム
01　十三世紀の読誦証明　032
02　アッバース朝地方裁判官任命書のひな形　058

参考文献　117
図版出典一覧

監修：NIHU（人間文化研究機構）プログラム　イスラーム地域研究

イスラームを支える学者たち

中東では、今でもいろいろな場面で宗教の活力を実感する。信心深い人が多いというだけではない。政治、経済、文化など社会のどの面をとってみても、宗教ぬきでは語れないのである。これはなにもイスラームにかぎったことではない。ユダヤ教やキリスト教もそれぞれ中東の社会に深く根づいている。しかし、多数派を占めるイスラームには、やはり格別の存在感がある。中東以外にもムスリム（イスラーム教徒）がまとまって住む国や地域はたくさんあるが、そういった場所でも、しばしばイスラームの活力に目を見張らされる。

そのイスラームの活力を支えているのがウラマーと総称される人びとである。ウラマーとは「知る者」「知識をもつ者」という原義をもつアラビア語であるが、たんなる知識人ではなく「イスラーム諸学を修めた知識人、学者」を意味する。単数形はアリームまたはアーリムであるが、この意味では複数形であるウラマーのほうがよく用いられる。本書では「イスラーム学者」または「学者」と訳すことにしよう。

学者と訳してしまうと、研究に勤《いそ》しむ面だけが強調されてしまいがちである。しかし、ウラマーの多くは、国政から庶民の生活にいたるさまざまな局面で、イスラームの教えにそって社会を導く役割もはたしている。例えば、イランの最高指導者は高位の学者から選ばれる。その一方で、日常的な問題に対する解決策を示し、庶民から頼りにされているイスラーム学者も各地に大勢いる。

このようなイスラーム学者について、少し考えてみようというのが本書の目的である。ただし、現代ではなく中世の学者をあつかう。中世のムスリム社会を理解するためには、中世の学者たちがはたした役割を知っておく必要があるのはもちろんだが、現代について考えるさいにも、中世の学者について知っておいて損はない。例えば、社会における学者の役割や行動については、現代と中世のあいだに共通する点をいくつもみつけることができるのである。

もちろん、世界中のイスラーム学者を対象とするわけにはいかないので、基本的にはイラクからエジプトにかけてのいわゆる東アラブ地域を中心にあつかうことにする。ただし、場合によってはイランなどもう少し東方の事例にも言及する。また時代的には、イスラームが興った七世紀から中東の大部分がオスマン帝国の支配下にはいった十六世紀までをあつかう。なお、本書ではこの期間を指して「中世」と呼んでいる。

第1章では、イスラーム学者と呼べる人びとがいつ頃からどのようにしてあらわれたのかということを考える。学者が登場するということは、言い換えれば、彼らが修得すべき学問が成立したということである。さまざまな分野のなかから特定の分野が選び出され、やがてそれが体系化されて学問としての体裁を整えていった。その経緯をたどってみよう。

学問体系の確立と並行して学問の修得方法も定式化されていく。そして、いったん修得方法が定まると、定められた方法で学ばないかぎり、修得した知識が十分評価されないという事態が生じてきた。つまり、学識だけでなく、その修得方法も学者の評価を左右する重要な要素となったのである。中世の学者たちがこだわった修得方法とはどのようなものだったのか。これについては第2章でみていくことにする。以上の二つの章では、彼らがたずさわった学問が「聖なる学問」すなわちイスラームという宗教に深くかかわる学問であったことがそれぞれの論点と深く絡み合っているこ

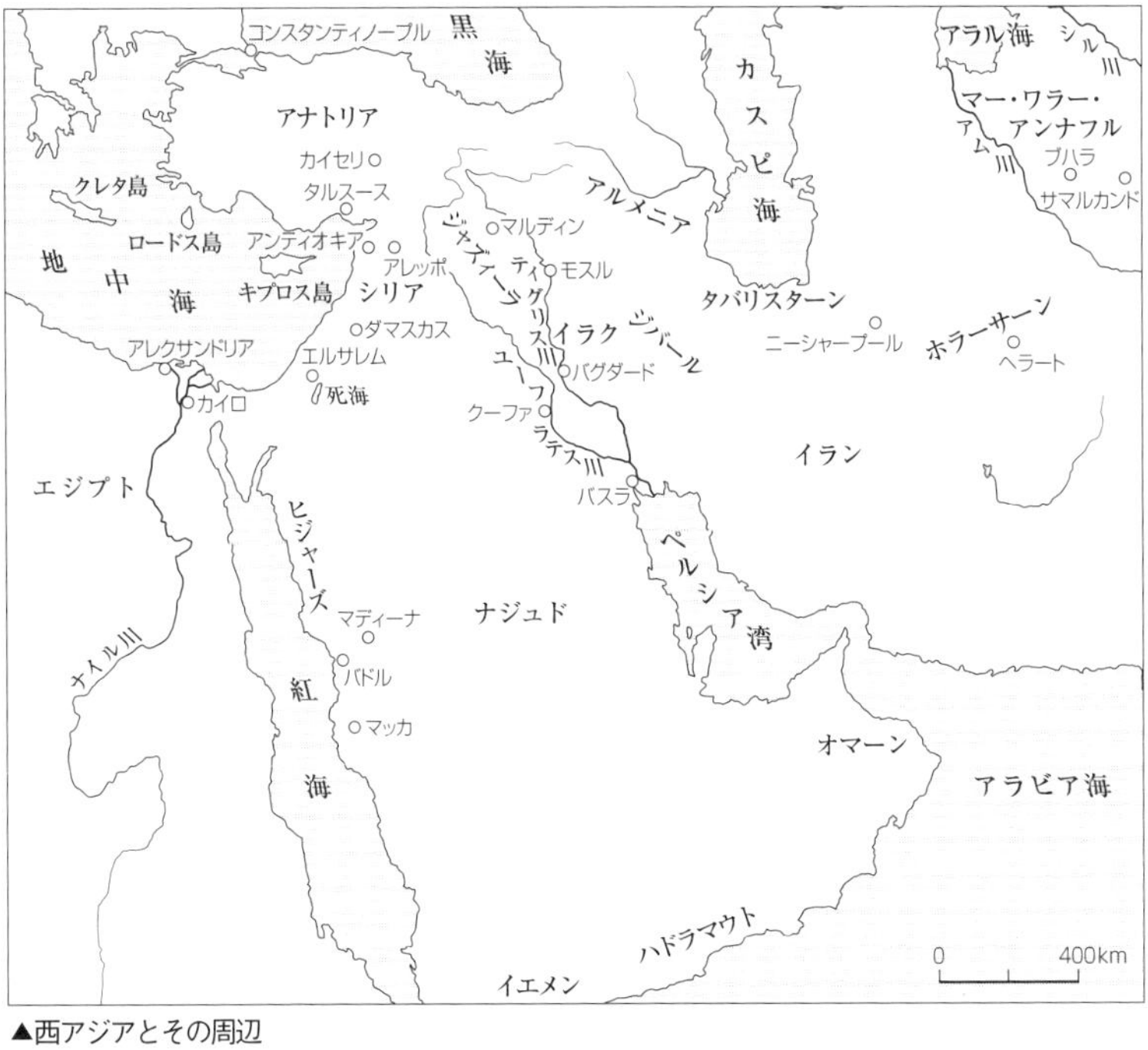

▲西アジアとその周辺

とも示していく。

つづく後半の二章では、学者たちの「俗なる人生」をあつかう。聖なる学問にたずさわる学者とはいえ、彼らの多くもまた一般人と同じく俗世で生活を送り人生を歩んだ。たしかに、イスラームの歴史を振り返れば、仏教の出家者やキリスト教の聖職者と比較しうる宗教者集団の存在を指摘できる。しかしながら、宗教者や学者は独身や過度の禁欲を避け、むしろ一般人と積極的にまじわり、社会を正しい方向へ導くよう努めるべきであるという考え方がイスラームでは支配的である。

社会に働きかけるイスラーム学者という観点から彼らの俗なる人生を考えるために、第3章では、イスラーム学者の職業について考察する。具体的には、イスラーム学者特有の職業として、裁判官と教師を取り上げる。その職務の内容を紹介するだけでなく、それらの職についた者がかかえた問題にも目を向けてみたい。

以上の三章では、中世東アラブのイスラーム学者という比較的大きなくくりで論じることによって、この時代と地域に共通する特徴をとらえるようにした。それに対し最後の第4章では、シリアの一都市に焦点をあて、特定の地域におけるイスラーム学者たちの役割と行動を時間軸にそってみていくことにする。学者個人にまつわる逸話などを織り込みながら、イスラーム学者たちの俗なる人生を具体的に紹介していくことにしよう。

第1章　イスラーム学者の登場

イスラーム学者がいつ頃あらわれたかを明確に示すことは難しい。預言者ムハンマドの存命中は、神からくだされた啓示にもとづいてイスラーム共同体を指導することは、基本的には預言者の役目であった。現実の問題に対処する方策について預言者がだれかに助言を求めることはあったにしても、例えばクルアーン（コーラン）の解釈をめぐって議論するというようなことはなかったはずだ。イスラームにかぎらず、たいていの宗教においては、教祖が不在となりその判断を直接あおぐことが不可能になってはじめて、その教義などに対する学問的な営みが始まるものである。

クルアーン正典の結集

六三二年に預言者ムハンマドが没し神からの啓示が終了すると、クルアーンのテキストの編集と保存が重要な問題となった。うち続く戦役などによってクルアーン暗誦者が死去し、また征服活動によりムスリムの支配領域が急速に拡大すると、各地でクルアーン読誦に異同が顕在化してきた。

クルアーンが現在に伝わるかたちに編集された経緯についてはさまざまな伝承があり、学説も完全に一致しているわけではないが、第三代カリフ＝ウスマーン（在位六四四〜六五六）の治世に確定版が作成され、その写本が各地に送られて異本の廃棄が命じられたといわれている。クルアーンはまずもって朗誦することが求められる聖典であり、そのテキストは書写するのではなく暗記することが推奨された。しかし、預言者の生前においても人間の記憶力だけに頼って保存されていたわけではなく、書写テキストもつくられていたようである。

クルアーンの編集はウスマーンによって任命された五人の人物によって進められた。彼らは預言者の未亡人の一人であるハフサが保管していたクルアーンの書写テキストをもとにして、他の情報源からの収集と検討をかさねながらテキストを確定していったと伝えられる。この編集作業にたずさわった人たちは、イスラーム学者の源流の一つとみなせるであろう。

こうして、いわゆるウスマーン版のクルアーンが定められたのであるが、そのテキストが各地でただちに受け入れられたわけではなかった。神の言葉の写しとして大切に保持してきたテキストが否定され、異なるテキストをクルアーンとして受け入れるよう命じられた人びとは、おおいに困惑したことであろう。ウスマーン版の受け入れを拒む者がでても不思議はない。第二代カリフ＝ウマル(在位六三四〜六四四)によってクーファに派遣され、その地でクルアーン読誦などを教えていたイブン・マスウード(六五〇年代前半没)もその一人であった。彼は最初期の入信者の一人で、長くムハンマドのそばに仕え、預言者の口から直接クルアーンを聞くことも多かったという。自分がもつテキストと相違点のあるウスマーン版が正典と定められたことを知るや、彼はモスクにおける説教のなかでウスマーンたちを強く非難したのであった。

イブン・マスウードが所持していた写本は、ウスマーン版よりも三章少なかったといわれる。逆にウスマーン版よりも章の数が多い写本も流布していた。シーア派は、アリー[1]こそが最初にクルアーンを編集した人物であり、ウスマーンが編纂させたクルアーンにはアリーに不利になるような改竄《かいざん》箇所があるとして、少なくとも十世紀までは独自の写本を伝えていたようである。ウスマーン版の編者たちは、これらのような異同を校合しながら正典とすべきテキストを定めていったが、クルアーンは朗誦されるべきものなので、一字一句にいたるまで、正しい読み・発音を決めることも重要であった。方言によって発音や読みが異なる語彙は、ムハンマドが属していたクライシュ族の言葉で統一された。

1 第4代正統カリフ(在位656〜661)。預言者ムハンマドの従兄弟にして娘婿。シーア派は彼を初代イマーム(15頁参照)とする。

アラビア文字の改良とクルアーン読誦学

かくしてクルアーンの正典テキストは、ムハンマドが没してから比較的短期間で定められた。しかしながら、正典が定められたからといって、そのテキストがのちの時代に正しく受け継がれていくとはかぎらない。テキストを伝承するには文字で記録しておけば十分なように思えるが、ことはそう簡単ではなかった。クルアーンのテキストを正しく伝えるということは、テキストの正しい読誦の方法を伝えるということだからである。実際、ウスマーン版クルアーンの写本が各地に送られたさいには、定められた読誦法を教える人物が一緒に派遣されたのである。

そもそも、当時のアラビア文字体系では、発音を正確に書き表すことは不可能であった。まず、いくつかの異なる発音の文字が同じかたちであらわされていた。例えば、yとnの文字は単語の途中では同じかたちになるので、bayt（家）もbint（娘）も同じ綴りになってしまうのである。さらに、アラビア文字は原則として子音だけを表示するという特徴をもっているため、文字の発音が確定されたとしても、母音のつけ方によっては、同じ綴りで異なる意味を示すことになる。例えばkatabaとkutibaは、アラビア文字の綴りは同じだが、前者は「彼（それ）が書いた」という意味になり、後者はその受動態で「それが書かれた」という意味になる。アラビア語につうじた人物が文脈を把握しているテキストを読ん

▶**アラビア文字**　上段の二つの単語は，弁別点がなければ同じ綴りにみえる。下段の綴りには母音点を付した。同じ綴りだが母音が違うことがわかる。なお，アラビア文字は右から左へ書く。

だり記録したりするためには、このような文字体系でも十分であったのであろう。しかしながら、聖典の一字一句の読みを正確に伝えていくにはまことに不十分な体系であった。クルアーンのテキストを正確に伝えていくためには、アラビア文字の改良が必須であった。

七〇〇年頃、ナスル・ブン・アースィム（七〇七没）とヤフヤー・ブン・ヤウムル（七〇八没）は、異なる発音の文字を区別するために、文字の上または下に一つないし三つの点（文字弁別点）をつける工夫を導入した。母音の表記については、七世紀後半に、アラビア語文法学者でもあるアブー・アスワド・ドゥアリー（六八八没）が、文字本体とは異なる色の丸印を文字にそえるよう定めた（口絵4頁参照）。その後八世紀には、現在みられるような母音符号が、ファラーヒーディー（七八六没）によって考案されたのである。そして、十世紀前半にアッバース朝の宰相としても活躍した能書家イブン・ムクラ（九四〇没）は、当時おこなわれていた書体を六種類に整理し、それぞれの書体における文字の縦横のバランスを定め、文字の標準化をはかった。イブン・ムクラが定めた書体は、そののち改良を加えられつつも、現在にいたるまで用いられている。

以上のような学者たちの努力によって、アラビア文字はかなり正確に読み方を書き表せるようになった。とはいっても、文字と音声としての言語は別物である。時間の経過とともに綴りと発音が乖離《かいり》したり文字の発音が変化したりすることは、どんな言語にもみられることである。一方、神が語りかけた言葉とされるクルアーンは、永久に不変の存在でなくてはならない。発音だけでなく、母音の伸ばし方や間合いの取り方といった点も含めて、クルアーンの読誦法を正確に伝えるためには、文字情報だけでは不十分なのである。

したがって、録音技術がなかった時代にあっては、読誦法を身につけるためには、正しい読誦法を修得した人物から実際に耳で聞いて体得しなくてはならなかった。正確を期すために、音声器官のどの部分をどのように使うかという発音の基礎や、休止・息継ぎ、読む速度など非常に細かな要素についてもきまりがつくられ、このような読誦上の指示を写本に書き記すための特殊な記号も考案された。こうして、クルアーン読誦は学問と呼ぶにふさわしいまでに体系化されていったのである。

ウスマーン版成立後も、各地で高名な読誦者に連なる異なる読誦法が伝えられていたが、九三〇年代に前述のイブン・ムクラがウスマーン版にもとづく七つの読誦学派を正統とし、その他の学派を弾圧したため、クルアーンの読誦方法はほぼこの七学派にかぎられるようになった。十五世紀には正統派は十学派にふえたが、現在ではおもに二学派による読誦法がおこなわれている。

ハディース学と法学のはじまり

以上みてきたように、ムスリムによる学問的努力は、まずクルアーンのテキストを確定し、それを正確に伝承していくことに注がれたのである。しかし、宗教が信仰され続けるためには、聖典を正確に伝承するだけでは不十分である。さまざまな問題に直面したときに、信徒ならば自分が信じる宗教の聖典をひもとくであろう。しかし、疑問に対する直接的な回答が見出せないことも多いはずである。その場合、聖典の教えに即しつつ回答を得る努力、すなわち聖典の解釈が必要になってくる。一方で、無軌道な解釈は宗教を根幹からゆるがしかねず、そこには体系化された一定の方法論が必要になる。つまり、学問としての聖典解釈が必要とされるのである。

聖典の解釈と一口にいっても、その内容はさまざまである。神とはどのような存在なのか、すべては神の予定であるという教えと人間の意志や責任は矛盾しないのかといったイスラームの根本にかかわる問題もあれば、結婚、遺産相続や商取引など日常生活における行動の規範を求める場合もある。双方の問題はたがいに関連してはいるが、議論が深まるにつれて学問分野がしだいに定まっていった。前者のような問題をあつかう学問を神学、後者をあつかう学問を法学と呼ぶのが普通である。

両者の違いは方法論にもあらわれた。神学者たちがもっぱらクルアーンの条文に依拠しつつ思考をかさねていったのに対し、法学者たちは、クルアーンに加えてムハンマドや教友[2]たちの判断を論拠にするという方法論を編み出していった。のちにイスラーム諸学の中心となったのは、一般信徒の日常生活に深くかかわる後者のほうであった。そこでまず、イスラーム法学および法学と密接な関係をもつハディース学について、その興りからみていくことにしよう。

クルアーンには現実の問題に即した具体的な内容が多い。しかしながら、その内容をそのまま受け取るだけでは、個々の信徒や共同体が直面するさまざまな問題すべてには対処しきれない。したがって、神の啓示を現実の社会に活かすためには、多かれ少なかれ解釈という作業が必要になってくる。預言者ムハンマドも、啓示に明示されていないことがらについて判断をくだしたり、啓示にかんする信徒たちからの質問に答えたりすることをとおして、啓示の解釈を示していったのである。したがって、ムハンマドの発言と行為すなわち預言者のスンナ(慣行)は、信徒たちにとって重要な指針となった。また、預言者とともに草創期のイスラーム共同体を守り育てることに腐心した教友たちのスンナも、預言者のスンナに準ずるものとして尊重された。

預言者がなくなり教友たちもしだいに世を去っていくにつれて、イスラーム創始期のスンナを直接知る者は少なくなっていったが、その内容はハディース(伝承)としてつぎの世

2 預言者ムハンマドの言行を直接見聞した者。

代へと受け継がれていった。しかし、二度にわたる内乱（六五六～六六一年、六八三～六九二年）や分派の発生にともなって、それぞれの勢力が自らの立場の正しさを主張するためにハディースを根拠とするようになると、その内容の歪曲《わいきょく》や捏造《ねつぞう》が危惧《きぐ》されるようになった。

このような事態を目のあたりにし、預言者や教友のスンナを正しく伝える真正なハディースを収集し後代へ伝承していくことに心をくだく人びとがあらわれてきた。そのようなハディース学者の先駆けとして知られるのが、クライシュ族出身のズフリー（六七〇頃～七四二）である。彼は、多くのハディースを集めただけでなく、その信頼性の確認にも留意し、ハディース検証方法の基礎を築いたといわれる。七世紀の末から八世紀にかけて出現したズフリーのような人びとの営みは、やがてハディース学へと発展していくことになる。

ハディース学と関係の深いイスラーム法学もほぼ同時期に形成されていった。イスラーム国家の各地で司法の実務にあたった裁判官は、クルアーンに明記されていない問題に対しては、慣例と自己の見解に従って解答を見出していった。当初、彼らが拠るべき慣例の範囲は明確に定められておらず、預言者時代のスンナが尊重されていたとはいえ、同時代の「生きた慣例」も重要な判断基準であった。また、どの程度自己の見解による解釈の余地を認めるかという点についても確立された基準はなかった。

このような状況のなかから、八世紀前半には地域ごとに法学についての一定の合意が形成されてきた。これを初期法学派あるいは前法学派などと呼ぶ。代表的な学派としては、ヒジャーズ学派とイラク学派が知られている。マッカ(メッカ)・マディーナ(メディナ)両聖地を擁するヒジャーズ地方では、預言者や教友のスンナなど伝統的な慣習を拠り所として重視する学風が主流であった。一方、征服活動によってイスラーム国家に組み込まれたイラクは、自然環境の面でも社会や文化の面においても、ヒジャーズとは非常に異なった地域であった。したがってこの地では、クルアーンや預言者のスンナだけでなく現地の慣習も重視しながら、学者個人の見解による推論を積極的に取り入れる立場が優勢となっていった。

こうして、ウマイヤ朝からアッバース朝へと政権が交代する八世紀半ばには、ハディース学と法学というイスラーム諸学のなかでも重要な分野の学問が形づくられていった。言い換えれば、イスラーム学者と呼べるような人びとがこの時期に続々とあらわれてきたということになる。

ハディース学と法学の発展

アッバース朝革命は、一部のシーア派勢力と提携し、「ムハンマド家による支配」の実現を旗印に支持を集め、七四九年ウマイヤ朝から政権を奪取することに成功した。しかし、権力を握った一族がシーア派の期待したムハンマドの子孫ではなく、ムハンマドの叔父アッバースの末裔であったことから、シーア派の諸勢力はアッバース朝政権の正統性に疑問を投げかけた。アッバース朝はシーア派の反乱をことごとく鎮圧し、軍事的にはシーア派勢力を抑えつけることに成功した。しかしながら、ファーティマ[3]をとおして預言者ムハンマドの血を引くシーア派のイマーム[4]と比べて、アッバース家の立場は、血統原理のうえからは不利な面もあった。したがって、アッバースと預言者ムハンマドの関係をめぐって、さまざまな議論がなされた。また、革命運動の当初から掲げてきた親シーア派の立場と、アッバース家のイマーム位の正統性の主張とを調和させる必要もあった。

カリフ＝ラシードの治世(七八六〜八〇九年)まで続いたこのような論争においては、しばしばハディースが根拠として示された。したがって、いずれの立場に与《くみ》するにせよ、ハディースの信憑性を示すことは重要な課題であったと思われる。以上のようなアッバース朝最初期の環境のなかで、真正なハディースの収集と検証に対する要請は、いっそう高まっていったことであろう。

3 預言者ムハンマドと最初の妻ハディージャとのあいだに生まれた娘。預言者の従兄弟アリーと結婚した(633没)。

4 複数の意味があるが，ここでは，イスラーム共同体の最高指導者を意味している。

ハディースは、伝承内容を伝えるマトン(本文)と、伝承経路の記録であるイスナードから成っている。ハディースの信憑性は、マトンとイスナードという二つの面から検証されたが、とくに後者が重視された。マトンは、その内容がクルアーンや確証済のハディースと矛盾していないかどうかがまず問われ、そのうえで理性や経験則に反しないか、党派的な偏りはないか、預言者の言葉として文体に不自然な点はないかといった点が検討の対象となった。

一方、イスナードとは「支え」を意味するアラビア語で、ハディース学においては、ハディースを伝えた人物から遡って預言者または教友にいたる伝承者の連鎖という意味で用いられる。イスナードの記録には、伝承がおこなわれた時や場所、状況などの情報が加えられる場合もある。つまりイスナードとは、伝承経路を示すことによって伝承内容の正しさを保証するもの、すなわちハディースの「支え」なのである。

イスナードの検証点としては、まずそれが本当に切れ目なくつながっているかどうかが重要である。伝承者が実在したかどうかはもちろんであるが、ある人物から別の人物への伝承が時間的・物理的に可能であるかどうかが確認される。つまり、二人の生存時期がかさならない場合や、活動地域が離れているうえに遊学先にまったく共通点がない場合は、その両者間で伝承があったとは考えにくい。したがって、そのようなありそうもない伝承行為を含むイスナードは、信頼性に欠けるということになる。

イスナードに含まれる人物が伝承者として信頼できる者かどうかも重要な点であり、伝承者の評価を論じる人物批判学という学問分野が形成された。伝承を正しく伝えうる記憶力を備えているか否か、正直で敬虔なムスリムであるかどうかといった情報が調査され、各伝承者の信頼性が確認されたのである。

また、八世紀には編まれ始めていたムスリムの伝記集は、イスナードの検証に役立ったはずである。散逸して書名しか伝わらないものの、八世紀後半にはムアーファー・マウスィリー(八〇〇没)によって『ハディース学者(伝承者)伝記集』が編纂されている。時代がくだるにつれてさらに多くの伝記集が編まれるようになり、遅くとも十世紀には一都市あるいは一地方を対象とした伝記集も登場する。このような伝記集のなかには、収録人物の大半がハディース伝承者で占められる作品も多い。

収集されたハディースは、以上のような検証を受け、真正(サヒーフ)、良好(ハサン)、脆弱(ダイーフ)などと分類され、さらに書物のかたちにまとめられていった。そして九世紀に成立した六つのハディース集がしだいに権威を高め「六書」と称されるようになったが、さらにそのうちブハーリー(八一〇~八七〇)とムスリム・ブン・アルハッジャージュ(八一七または八二一~八七五)がそれぞれ著した『真正集』はとくに重視され、二大『真正集』と呼び慣わされている。ブハーリーは、ペルシア系マワーリーの子孫で、中央アジアのブハラに生まれ、ホラーサーンからエジプト、ヒジャーズをめぐり、多くのハディースを収集した。その数は六〇万とも九〇万ともいわれるが、彼はそのなかから二七〇〇あまりのハディースを厳選して『真正集』を編んだ。一方、ムスリム・ブン・アルハッジャージュは、ホラーサーンのニーシャープールに生まれたアラブ人である。彼もまたエジプトやヒジャーズにまで赴いて、三〇万ものハディースを収集したといわれる。彼の『真正集』には、そこから選びぬかれた約四〇〇〇のハディースが収録されている。

以上のように、スンナ派ハディース学においては、九世紀にはハディース検証の方法論が確立し、それに準拠したハディース集が編纂されるにいたったのである。なお、シーア派ハディース集の編纂はスンナ派よりやや遅れ、十世紀から十一世紀にかけて「四書」と呼ばれるハディース集が成立した。

一方、法学についても、アッバース朝時代にはいると、理論の精密化とそれにともなう法学派の分立が生じていった。アッバース朝は、シーア派の反乱などの政治的混乱を乗りこえつつ中央集権的な国家をめざし、国土の主要部については、徴税官や裁判官を中央から任命する方針をとるようになっていった。このような政策が進められた八世紀後半から九世紀に生きたシャーフィイー(七六七〜八二〇)は、法理論の発展に力を注いだ法学者であった。彼は、ヒジャーズ学派とイラク学派双方の主導的な法学者から学び、両学派の学説を取り入れながら独自の理論を築いていった。

シャーフィイーは、クルアーン、スンナ、キヤース（類推）、イジュマー（合意）の四つを法源として認めるとともに、定義の厳密化をはかった。スンナについては、それを預言者のスンナに限定する一方で、クルアーンに準ずる高い権威を認めた。また、個人的見解による推論の濫用に反対し、推論はクルアーンとスンナの条文にもとづく類推にかぎるとした。さらに、合意はイスラーム共同体全体のものとし、一地域のみでしか成立しない合意は否定された。

八・九世紀には、シャーフィイー以外にも傑出した法学者があらわれて初期法学派の学説を発展させた。そしてその学説を継承した法学者たちが、十世紀頃にかけて学派を形成していった。十二・十三世紀までには、シャーフィイー学派に加えてハナフィー学派[5]、マーリク学派[6]、ハンバル学派[7]の四学派がスンナ派法学において支配的な地位を占めるようになり、現代にまで学統をつないでいる。シーア派においてもスンナ派よりやや遅れて法理論が整備され、独自の法学派が成立した。

イスラーム創始から三世紀のあいだに、ハディース学が発展する一方で、法学の主流派は預言者のスンナをクルアーンと並ぶ法源として尊重する方向へ展開し、両者の関係は分

5 スンナ派四大法学派の一つ。アブー・ハニーファ（699頃～767）を学祖とするが，彼の弟子アブー・ユースフ（731～798）とシャイバーニー（750～805頃）が実質的に創始したといわれる。

6 スンナ派四大法学派の一つ。ヒジャーズで活動していたマーリク・ブン・アナス（8世紀初頭～795）を学祖とする。

7 スンナ派四大法学派の一つ。アフマド・イブン・ハンバル（780～855）を学祖とする。

かちがたいものとなっていった。さらに、十世紀前後に各法学派の学説が整備されたのちは、法学者たちは法源にまで遡ることなく、もっぱら各法学派の学説体系の範囲内で法解釈をおこなうようになっていった。このような状況は、ただちに先行学説への盲従とイスラーム法の硬直化を意味するわけではないが、スンナ派法学者のあいだでは伝統や慣例を重んじる保守的な考え方が支配的であったとはいえるだろう。

クルアーン被造説をめぐる異端審問

伝統を重視するハディース学や法学に対して、神学や哲学はもっぱら思弁を駆使して解答を見出そうとする学問である。神学派のうち八世紀にイラクで成立したムータズィラ学派は、九世紀の二〇年代末から世紀半ばのあいだ、アッバース朝のいわば公認神学派として大きな影響力を誇った。しかし、彼らの学説は、保守的な学者や民衆からは支持されず、その普及をはかったアッバース朝政権が異端審問(ミフナ)を実施する事態にまで発展したのである。

ムータズィラ学派が論じた主題は多岐にわたるが、とくに問題となったのはクルアーン被造説である。神の唯一性や被造物との隔絶性は、クルアーンにおいても繰り返し言明される重要な概念である。では、神とクルアーンとはどういう関係にあるのだろうか。この問いは、非常に解答の難しい問題を提起する。神は唯一絶対の創造主であり、ほかに並び立つものはないというのが、イスラームにおける神の位置づけである。したがって、クルアーンといえども神によって造られたものにほかならないというのがムータズィラ学派の主張である。一見したところ合理的な考え方のようであるが、反対派はそのような見方を拒否する。神の言葉であるクルアーンは、人間や草木などと同じ被造物ではありえないというのである。多くの民衆によって支持されたのは、後者の考え方であった。

これに対して、アッバース朝カリフ゠マームーン(在位八一三〜八三三)は、八二七年にクルアーン被造説支持を宣言し、最晩年の八三三年に異端審問の開始を命じた。カリフの命によって、バグダードおよび主要都市の裁判官やおもだった法学者、ハディース学者に対する審問がおこなわれ、クルアーン被造説に対する同意が強要された。あくまでもクルアーン被造説を受け入れない者については、伝承、証言、ファトワー[8]の発出といった行為が公私を問わず禁止された。また、各地の裁判官は、この学説の支持者におきかえられていった。

カリフ主導のもとで始められた異端審問は、開始からわずか四カ月ほどでマームーンが没したことによって、最初の転機をむかえる。マームーンのあとを継いだムータスィム(在位八三三〜八四二)は兄の政策を継続したものの、異端審問推進の主導権は、バグダー

8 法意見，法学裁定。法学者のうちムフティーと呼ばれる有資格者が，イスラーム法にかんする質問に答えて提示する。

ドの大カーディー（首席裁判官、五六頁参照）に任命されたムータズィラ学派のイブン・アビー・ドゥアード（八五四没）が握った。つぎのカリフ＝ワースィク（在位八四二〜八四七）のもとでもクルアーン被造説公認の方針は維持されたが、民衆の支持を得た否認派の勢いは衰えなかった。むしろ、ワースィクの治世には、バグダードの裁判官が襲撃され、否認派の蜂起未遂事件が生じるなど、不穏な動きが続いた。

英明なカリフとして知られるムタワッキル（在位八四七〜八六一）は、即位当初は異端審問を推し進めたが、八四九年にはクルアーンにかんして議論することを禁じるとともに、各地の裁判官を順次更迭していった。そして八五一／二年[9]には、囚われていた否認派が釈放される一方で、イブン・アビー・ドゥアードとその息子が失脚し、約二十年にわたって続いたクルアーン被造説にかんする異端審問は、十分な成果をあげることなく終結した。否認派すなわち伝統主義者たちの勝利であった。

クルアーン被造説の徹底をはかったマームーンの意図は、自らを地上における神の代理人（カリフ）と位置付け、政治だけでなく信仰についてもイスラーム共同体の最高指導者たらんとしたことにあったといわれる。被造物であるクルアーンは、神とは明確に区別されるべきである。このように考えることによって、マームーンはクルアーンをカリフの手が届く範囲へ引き寄せようとした。そのうえで、神の代理人たるカリフ自らが、預言者のス

9　本書ではヒジュラ暦（イスラーム暦）を西暦に換算して表記しているが，ヒジュラ暦年が西暦の二カ年にまたがる場合はこのように表示する。

ンナを介さずに直接クルアーンから神の意図を探り出し、イスラーム信仰を指導するのである。マームーンは、当時すでに捏造や歪曲の存在が指摘されていたハディースを信頼せず、唯一確かなクルアーンのみに依拠して、そこから直接イスラームの教義を導き出すべきであると考えたのである。ここにハディース学者のはいる余地はない。

それに対して、クルアーン被造説を否認した人びとの主張は、つぎのようなものであった。クルアーンは神の言葉そのものであり、その意味を正しく知ることができるのは預言者ムハンマドだけである。したがって、カリフであれ法学者であれ、後世の人間が啓示の真意をとらえるためには、預言者のスンナを伝えるハディースを参照しなくてはならないのである。このように、クルアーン被造説をめぐる論争は、カリフやハディースの位置付けをめぐる争いでもあったわけである。

伝統主義の勝利

この異端審問が失敗に終わったことでムータズィラ学派は大きな打撃を受けた。ムータズィラ学派はこの後も勢いを取り戻すことはなく、同学派から伝統主義との融和をはかったアシュアリー学派[10]が十世紀に分かれでた。アシュアリー学派は、セルジューク朝[11]のもとで勢力を拡大しスンナ派神学の主流となったが、ムータズィラ学派本流の思想は、シーア

[10] ムータズィラ学派に属していたアシュアリーが10世紀に興した学派。思弁神学と伝統主義の融和をはかった。

[11] イスラームを受け入れたトルコ系のセルジューク家がホラーサーン地方に覇権を確立し建国した(1038～1194年)。最盛期には中央アジアからシリア，アナトリアにまで勢力を拡大した。

派神学に取り入れられることによって後世へ伝えられることになった。

他方、抑圧にたえてクルアーン被造説を否定しつづけた伝統主義者たちは、異端審問終結後はさらに影響力を強めた。クルアーンとともに預言者のスンナを尊重すべしという彼らの主張は、学者や司法関係者の異端審問だけでは抑えきれなかった。ハディースの権威は、すでに民衆のあいだで根強い支持を得ていたのである。こうしてイスラームの学問の主流は、ハディース学、法学、クルアーン読誦学など伝統を重んじる分野が占めるようになっていった。一方、思弁神学や哲学という理性をおもな拠り所とする学問は、イスラームの学術体系のなかでは傍流へと押しやられていくことになる。

カリフが進めたこの異端審問の失敗によって、カリフの宗教的な権威は地に落ち、イスラーム信仰にかかわる問題は学者たちが担うことになったともいわれる。ただし、そもそも聖俗双方の最高指導者としてのカリフは、マームーンのように能力に恵まれ強い意志をもった人物が即位しないかぎり、完全には実現しない。実際、マームーンが自ら文書を発給して異端審問を指揮したのに対して、彼の後継者たちは、バグダードの大カーディーであるイブン・アビー・ドゥアードとその息子に異端審問や否認派との論争を委ねていた。したがって、理念としてはともかくも、現実にはすでにカリフと学者の役割分担がおこなわれていたわけである。他方、アッバース朝カリフをスンナ派のカリフと定義しなおしたカーディル（在位九九一〜一〇三一）のように、後世にも教義問題に指導力を発揮するカリフが存在した。したがって、理念的にも現実問題としても、この異端審問の失敗を境にカリフが宗教指導者としての機能を奪われたと考える必要はない。

ただし、イスラーム創始からすでに二世紀をへたこの時期には、どの立場をとるにしろ、信仰をめぐる議論はだれでも簡単に参入できるものではなくなっていた。クルアーン被造説をめぐって議論が戦わされた時代とは、学問の体系化が進み、専門家としての学者の必要性が高まってきた時代でもあった。この点はハディース学も同じである。さきにも述べたように、クルアーン被造説をめぐる争いは、預言者のスンナをめぐる争いでもあった。したがって、この時期に活動した伝統主義者たちは、ハディースの信頼性を明示する必要性をとくに感じたと思われる。多くのハディース学者が審問を受けた時期であったからこそ、ハディース検証の方法論が整備され、精力的にハディース収集が進められていったのではないだろうか。前述のとおり、異端審問終結からそれほど間をおかず、九世紀後半にはスンナ派ハディースの二大『真正集』が成立するのである。

八世紀後半から九世紀にかけて、アッバース朝カリフの強力な支援のもとで、古代ギリシアをはじめとする先進文明の書物が続々とアラビア語に翻訳されていったことはよく知られている。外来文明の遺産を貪欲に吸収することによって、イスラーム文明が成立していったのである。イスラームという宗教そのものにかんする学問が、ギリシア哲学や論理学の成果を取り入れながら理論に磨きをかけていったことも事実である。しかしながら、イスラーム諸学の主流は、クルアーンと並んで預言者のスンナを尊重し、伝統からの逸脱を極力避けるという伝統主義的な方向に進んでいった。こうして、宗教にかかわる学問は、医学をはじめとする自然科学や哲学といった理性に依拠する学問とは区別される存在になっていったのである。

以上のような趨勢のなかで、九世紀頃より、ウラマーという語がハディース学、法学、クルアーン読誦学など、宗教としてのイスラームに直接かかわる学問に従事する学者、すなわち本書でいうイスラーム学者という意味で用いられることがふえていったと考えられる。

第2章　学問修得の方法

九世紀から十世紀にかけて、伝統主義的な立場からイスラームに関与していくハディース学などの分野が、ムスリムにとって学問の主流となっていった。このように主要な学問分野が定まっていったのと並行して、学問修得の方法にも一定のきまりが成立していった。この章では、学者たちが学問修得にさいしてどのような点を重視していたのかということを、その背景も含めて考えてみたい。

宗派の形成と学問修得方法の定式化

九世紀前半の異端審問をともなった論争の末に、ムスリムの多数派のあいだでは伝統主義的な考え方が優勢となった。この流れを受けて、続く十・十一世紀には伝統主義的な立場から神学や法学などの分野で学説が整えられていった。他方、シーア派においても十・十一世紀は、基本的な教義が成立していった時期である。ウマイヤ朝期からアッバース朝時代初期にかけては、政権奪取をめざしたザイド派などの武装蜂起が各地であいついだが、それらが鎮圧されると、中東の中心部におけるシーア派の主流はしだいにイマーム派[1]へと移っていった。イマーム派の一分派であるイスマーイール派[2]が十世紀初頭にチュニジアに建てたファーティマ朝[3]は、世紀後半にはエジプトに中心を移して首都カイロを建設し、シリアへも支配地を拡大していった。こうして中東の大国へと成長したファーティマ朝のもとで、この王朝の支配を正当化する学説がイスマーイール派の正統教義として確立していったのである。

一方、イマーム派のもう一つの主要な分派である十二イマーム派[4]は、アッバース朝の抑圧を受けつつイラクとイランを中心に存続していた。十世紀の最初の四半世紀を過ぎたあたりからアッバース朝の国家体制は急速に崩壊していき、九三六年には大アミールの地位を得た軍最高司令官がカリフの実権を奪うにいたった。そして九四五年には、十二イマーム派を奉じるブワイフ朝[5]のムイッズ・アッダウラがバグダードを征服し、翌年大アミールに任じられた(在位九四六〜九六七)。こののち一世紀にわたってイラクを支配したブワイフ朝は、アッバース朝カリフを廃しはしなかったものの、十二イマーム派の祭礼の実施を許可するなど、シーア派を擁護する政策をとった。そのため、イラクでは十二イマーム派の学者の活動も活発となり、歴代イマームの言行を伝える伝承集の編纂が進められるとと

1 アリーの子孫のうち，ムハンマド・バーキル，ジャーファル・サーディク父子の系統をイマームと認めるシーア派の一派。その後，イマームの血筋をめぐって分裂をかさねた。

2 シーア派の一派。ジャーファル・サーディク没後のイマーム位をめぐって，父より先に没した長男イスマーイールとその子孫のイマーム位継承を主張した。

3 イスマーイール派が建てた王朝(909 〜 1171 年)。969 年にエジプトを征服した。

4 シーア派の一派。ジャーファル・サーディク没後のイマーム位をめぐって，イスマーイールの弟ムーサー・カーズィムのイマーム位継承を主張した。今日では，イランを中心にシーア派で最多の信徒を擁する。

5 カスピ海南岸地方に興り，イラン中部からイラクにかけての地域を支配したイラン系ダイラム人の王朝(932 〜 1062 年)。

もに、教義の整備が進展したのである。

以上のようなシーア派の活動に対抗するなかで、これらの分派活動に与《くみ》しなかった人びとは、伝統主義の延長線上に独自の教義を発展させていった。十一世紀以降、神学ではアシュアリー学派とマートゥリーディー学派[6]が主流派の位置を占めるようになった。法学においては、シャーフィイー学派、ハナフィー学派、ハンバル学派、マーリク学派の四大法学派が成立していった。こうして、分派に属さない多数派は、独自の教義体系をもつスンナ派という宗派を形づくるようになったのである。このように、イスラームの歴史においては、主流派が形成されてから分派が分かれていったのではなく、まず分派が形成され、そのあとに多数派が宗派と呼べる実態を獲得していったわけである。

かくして、十世紀から十一世紀にかけて、現在にいたるイスラームの宗派の基本的な枠組みとそれぞれの基礎となる教義が成立していった。言い換えれば各宗派の学問体系が整ってきたということであり、それはさらに学問方法の定式化を招いたと考えられる。このことを間接的に示すのが、この時期以降目立つようになる学問方法を論じた著作物である。このような著作はスンナ派だけでなくシーア派の学者によっても著されており、しかもその内容には共通する点が多い。彼らが学問の方法としてとくに重視しているのは、読誦すること、暗記すること、師につくことの三点である。以下では、おもに十世紀から十五世

[6] 9・10世紀に中央アジアのサマルカンドで活動したマートゥリーディーに始まるスンナ派神学の一派。セルジューク朝の勢力拡大とともに西方へ伝播した。

紀にかけての東アラブ地域における事例を紹介しながら、この三点に注目しつつ、中世イスラーム学者の学問方法について考えていくことにしたい。事例はほとんどがスンナ派のものであるが、さきにも述べたとおり、シーア派においても同様の方法がとられていたと考えられる。

読誦の重視

まず、読誦すなわちテキストを音読することに対する学者のこだわりについてみてみよう。十世紀から十一世紀にかけてイラクで活動したと思われるアブー・アルヒラール・ハサン・アスカリーという学者は、『学問探究の勧め』という著書を残している。彼はそのなかで、学生が読誦すべき理由として、テキストを自分自身に読み聞かせることの利点をあげている。耳で聞いたものは心にしっかり残るうえに、声に出すことによってより注意深く読むようになるからであるという。

このように音読に学習効果を高める働きがあるというのは、現代人からみても納得のいくことである。しかし、中世イスラーム学者たちにとって、読誦はたんなる学習上の工夫ではなく、学問の基本的かつ正式な方法であった。そのことを雄弁に物語るのが、書写テキストに付された読誦の記録あるいは証明である。ここでは仮に読誦証明と呼んでおこう。

読誦証明にはさまざまな形式があるが、読誦されたテキストを記した写本の冒頭や末尾に、そのテキストが正しく読誦されたことを示す内容が記されることが多い。書物の一部だけが読誦された場合は、その部分だけが書写された写本に証明が付記される。全体が読誦された場合には、その書物の読誦証明付き写本が一冊作成されることになる。また、何度も読誦のテキストに用いられたために複数の証明が記されている写本も存在する。

読誦の証明に加えて、そのテキストを他人に講じる資格を認める文言が加えられることもある。こうなると、読誦証明というよりも教育資格証明あるいは免状と呼ぶほうがふさわしく、アラビア語ではイジャーザ（許可証、免許証）と呼ばれる。たんなる読誦証明との区分は必ずしも明確ではないが、ここでは「〜を許可する」という文言がはいっているものを区別する必要がある場合には、免許付き読誦証明と呼ぶことにしよう。なお、イジャーザという用語は、本書であつかうような学術関係の免状を指すだけでなく、さまざまな資格の証明や許可証についても用いられる。また、講義資格を与えるイジャーザにかぎってみても、読誦したテキストに限定された免許もあれば、ある人物の著作すべてについて講じる資格を与えるものもある。イジャーザの区分や類型化はまだ十分に整理されておらず、研究の進展が待たれるところである。

読誦証明が記され始めた時期ははっきりしない。現存しているものとしては、十世紀末

Column #01

13世紀の読誦証明

アラム・アッディーン・サハーウィー（一一六三〜一二四五）の著書『クルアーン読誦者の美点と読誦教育の完成』の一写本（個人蔵）に記された読誦証明を紹介する。サハーウィーは、エジプトに生まれ、のちにダマスカスへ移住して教育にたずさわったアラビア語文法学者で、クルアーン読誦学者でもあった。

この写本に付された読誦証明を翻刻したJ・Ch・デュセーンによると、この写本は一六九二年にイスタンブルにあるスルタン・アフメト・モスク（ブルーモスク）のイマームによって書写されたものである。集成本ではなく、この著作だけを含む写本で、読誦証明の部分も含めてすべて同一人物の筆跡で書き写されているという。

この写本には計八点の読誦証明が記載されており、二点が第二葉表の書名と目次のあいだに記されている。残り六点は写本の末尾近くにあり、一点が第一一二葉表の余白部分に、残り五点が第一一二葉裏から第一一三葉表にかけて、著作本文の末尾と奥付のあいだに記載されている。このうち、最初に記されている読誦証明は以下のように書かれている。

もっとも栄光に満ち有徳の学者にしてクルアーン読誦者であるイッズ・アッディーン・アブー・アブド・アッラー・ムハンマド・ブン・シャイフ・アジャッル・ナーヒド・アッディーン・アビー・ザフル・ブン・マアーリー・ワヒード・アッラーが、私のもとで本書の全体を読誦した。私は彼に、私から伝えられた内容、私が著したものと引用したものすべてを口承によって伝えること(リワーヤ)を許可した。本書の著者アリー・ブン・ムハンマド・サハーウィーが、みずからの手でこれを書いた。六三五年十一月二十三日(西暦一二三八年七月七日)。唯一なるアッラーに称えあれ。われらが主人ムハンマドとその一族に神の祝福と平安があらんことを。アッラーはわれわれにとって十分な御方であり、なんと素晴らしい代理者であろうか。

サハーウィーの著作を読誦したイッズ・アッディーンに対して、著者自身がその事実を確認したうえで、その著作を他人に講じる許可を与えている。つまり、これは免許付き読誦証明であり、それを著者自身が記しているのである。これ以外にも四点の読誦証明が、この写本が著者のもとで読誦されたことを示している。したがって、この写本の原本は、サハーウィーが自著を教えていた当時に作成され、少なくとも五回は著者の立ち会いのもとで読誦された写本であるということになる。十七世紀末に作成された写本に、十三世紀の読誦証明がわざわざ転記されているのは、読誦証明によってその写本の信頼性を高めることができたためであると考えられる。

に記されたものがもっとも古いが、十二〜十五世紀の日付をもつ例が多く報告されている。地域的にはダマスカスとカイロで作成されたものが多く、バグダードやマッカなどマシュリク(東方アラブ)地域の主要都市が両都市に続く。ただし、新しい史料の発掘によって、この分布傾向が変わる可能性も十分ある。また、イスラームに関係の深い学問分野だけでなく、医学や文学といった分野の写本にも同じ形式の証明が記載されている例があることから、分野にかかわらず読誦による学問修得という方法がとられていたことがわかる。

口承・暗誦の重視とその背景

学問は読誦によって学ぶべきものであるということは、言い換えれば、学問上の知識の伝達は口承が基本で、書写テキストは口承を補助する道具にすぎないということになる。実際には、教師の口述を筆記したテキストや原本から書き写した写本が読誦され、それを教師が確認するというかたちで読誦証明が記された。このように書写テキストが知識伝達にはたした役割が重要であったにもかかわらず、読誦証明の文面が示すように、テキストはあくまでも口承によって伝えられていくものとされたのである。

したがって、テキストの暗誦は、学問の基本として強く推奨された。たとえ書写テキストを読み上げる場合でも、母音点が付されていない文字を正しく発音し、意味のまとまりや文の区切りで適切に息を継ぎながらよどみなく読誦するためには、そのテキストを暗誦してしまうくらいの練習が必要であろう。実際、十五・十六世紀のシリアやエジプトでは、書物全体の暗記を前提としたアルド（披露）と呼ばれる試験が実施されていた。それはつぎのようなものである。

多くの場合、アルドには複数の学者が立ち会い、そのなかの一人が試験官を務める。試験官は、被験者が暗記した書物のなかからいくつかの部分を無作為に選んで被験者に暗誦を求める。被験者がつかえたり口籠もったりすることなく指定箇所を正しく暗誦すれば、残りの部分についても暗記しているとみなし、合格となる。そして、試験官および立ち会いの学者たちによってアルドの合格証明書が作成されるのである。アルドをおこなったのは大半が十代後半の若者であり、この試験に合格することによって、学者になりうる資質を認めてもらえたわけである。

学者の伝記集には、何冊もの書物を暗記しアルドをおこなったと誇らしげに記されている例もみられるが、多くの学生にとっては、暗記は苦労と悩みの種であった。したがって、学問方法を論じた著作には、よりよく暗記するためのアドバイスも記された。例えば、糖や蜂蜜、ブドウの実を一日に二一粒摂取することは記憶力をまし、逆にコリアンダーやナス、未熟なリンゴは、記憶力を衰えさせるので食べないほうがよいといった具合である。

また、入門的な内容の書物には、覚えやすいように韻文で書かれたものが多数存在した。

　では、なぜここまで暗誦と口承が重視されたのであろうか。口承重視の背景としてまず考えられるのは技術的な理由である。前章で述べたように、八世紀に改良が加えられるまでのアラビア文字には欠点が多かったため、文字テキストは、それを実際に読誦できる人物をともなってはじめて正確な情報を伝えることができた。また、八世紀後半に製紙法が普及しはじめるまでは、書写には羊皮紙やパピルス紙といった高価な素材を利用するしかなく、写本として書き残すことのできる情報の量はかぎられていたのである。

　アッバース朝時代の初めに中国方面より製紙法がもたらされるや、中央アジアのサマルカンドに製紙工場がつくられ、八世紀末にはバグダードでも紙がつくられるようになった。従来のパピルスや羊皮紙に比べて安価であつかいやすい紙が導入されたことによって、以前とは比べものにならないほど多くの書物が著されるようになった。九世紀のバグダードには書物の写本を作成し販売する店が軒を連ねていたことが知られており、十世紀にこのような書店を営んでいたイブン・アンナディーム(十世紀末没)は、アラビア語書籍を数多く収めた

▶図書館に集う人びと　フルワーン(バグダードの北東約200㎞)にあった図書館の様子を描いた絵。図書(写本)は書架に平積みされている。

『目録』を作成した。そこには、すでに失われた多くの書物が著者の経歴とともに紹介されている。発展期に製紙法を知ったイスラーム文明は、その新技術をおおいに活用したのである。こうして八世紀に始まるアラビア文字の改良と紙の普及にともなって、多くの書物が広範囲に流通するようになっていった。

しかしながら、その後も学問の修得においては、書物は黙読するものではなく、読誦された音声として耳から学ぶものとされ続けた。したがって、イスラーム文化において読誦や口承が尊重された現象を理解するためには、技術的な問題を考えるだけでは不十分であり、文化的な背景についても考える必要がある。後者の観点から考慮にいれなくてはならないのは、イスラームの聖典クルアーンが暗誦されるべきものであり、音声として伝承されるべき存在であったという事実である。また、預言者や教友のスンナをおさめたハディースは、人から人へ語り伝えられていくものであった。このように、イスラームの聖典とそれにつぐ権威をもつハディースがともに口承にこだわったことは、イスラーム諸学の知識伝達のあり方に大きな影響を与えたと思われる。

さらに遡れば、暗誦と口承を重視する考え方は、イスラーム揺籃の地であるアラビア半島の伝統でもあった。ジャーヒリーヤ時代[7]から詩作が盛んであったアラビア半島では、詩は暗誦され口承によって伝えられるのが普通であった。口承行為をアラビア語でリワーヤ

[7] 無明時代。ムハンマドに啓示がくだる前の時代に対してイスラームの立場からつけられた呼称。とくに5世紀半ばから7世紀初頭までを指す場合が多い。

といい、リワーヤをおこなう者をラーウィーという。ジャーヒリーヤ時代にリワーヤといえばもっぱら詩を伝承することであり、ラーウィーとは詩を暗誦する人物のことであった。ラーウィーたちは、多くの詩を暗記するだけでなく、求められた詩句を選び出して正確に暗誦した。このような能力を認められて、詩人に助手として仕える者もいた。大切な言葉は暗誦し音声で伝承すべきものであるという考え方は、イスラーム以前からの伝統にも深く根ざしており、クルアーンが読誦すべき聖典とされた背景にも、アラブ人が共有していたこのような伝統があったと考えられよう。

以上、技術的な面とイスラーム以前からの伝統という観点から、中世イスラーム学者たちの口承と暗誦に対するこだわりの背景を考えたが、もう一つ見のがしてはならない点がある。それは、口承で知識を伝えるということは、学生が教師から直接学ぶことにほかならないということである。つまり、口承へのこだわりは、イスラーム学者たちが重視した学問方法のもう一つの要素である「師につくこと」につながるのである。

師につくこと

マムルーク朝下で活躍したシャーフィイー学派法学者バドル・アッディーン・イブン・ジャマーア[8]は、勉学における書物の役割を高く評価し、著書『教師と学生の良きあり方に

8 シリア出身のシャーフィイー学派法学者(1241～1333)。カイロ，ダマスカスなどの裁判官を歴任した。

ついて聞く者と語る者の覚え書き』のなかで、書物にかんする章を設けてその取り扱いについて詳しく論じている。しかしその一方で、書かれた言葉だけに頼って学ぶことはもっとも有害な行為であると断じている。また、十四世紀の学者ウスマーニーは、学識ある師から読誦をとおして学ぶことなく書物だけで独学した者に師事するなと警告している。なぜなら、書物の独学は、綴りや読み方の誤りや内容の誤解など、さまざまな過ちを招くからであるという。彼は、口承によらずして知識を得る者は、戦いを経験せずに勇気を学ぶ者のようなものだというたとえを引いて説明している。

書物といえば写本であった時代には、写し間違いや錯簡《さっかん》によって原本のテキストが正しく伝わらない可能性が高かった。また、アラビア文字は通常子音だけを表記し、誤読の恐れがある文字にのみ母音などを示す記号をつける。そのため、記号が付されていない文字については、文脈を正しく理解しないと正しい読み方を定められないことがある。したがって、書物を学ぶ場合にも、その書を教える資格のある教師のもとでテキストを読誦し、正しく読めているかどうかを確認してもらう必要が生じるのである。

書物の内容を正しく理解するためにも教師につくことが必要である。たとえ原本に忠実な写本を読んだとしても、学識の乏しい者が自己流の解釈にもとづいて理解したとすれば、著者が意図しなかった結論にいたる可能性があろう。極端な場合には、既存の学説にはみられない新しい考えにたどり着いてしまうかもしれない。当時の学者たちにとって、これは忌むべき行為であった。現代ならば斬新あるいは独創的と肯定的に評価されるような主張であっても、従来の学問伝統からはずれた主張は、ビドア（新奇なもの、逸脱、異端）と呼ばれ、伝統主義的な主流派の学者たちから非難されるのが普通であった。

もちろん、教師のいうことや書物の内容をそのまま暗記しさえすればよいというわけではない。同時代の学者や学問のあり方を冷徹な目で観察していたイブン・ハルドゥーン[9]は、学問内容を暗記するだけで議論に参加しない学者たちを批判し、討論や考察の重要性を主張している。しかしながら、彼も基本を無視した論争を推奨しているわけではなく、しかるべき教師による適切な指導を受けることを前提に学問を論じているのである。『歴史序説』において彼はつぎのように述べている。

> 人間は研究や教育や講義によって、あるいは先生を手本としたり、先生と個人的な接触を持ったりすることによって、知識も性格も、自分の主義主張も徳性もすべて修得することができる。
>
> ［イブン・ハルドゥーン『歴史序説』（森本公誠訳）］

教師から学ぶことは学問・知識だけにとどまらず、人格や徳性も含まれるというわけである。つまり、書物を読むだけでなく教師という生身の人間から学ぶもう一つの意義として、その教師の薫陶《くんとう》を受けることが期待されているのである。また、師弟関係は緊密かつ

9　チュニジア出身の学者（1332～1406）。北アフリカとイベリア半島の諸王朝に仕え，政治にも深くかかわった。政治から身を引いたのち，カイロに移り，晩年までマドラサ教授やマーリク学派裁判官として活躍した。

長期にわたるのが理想的であると考えられていた。マムルーク朝末期の著名な学者ザカリーヤー・アンサーリー[10]は、あることを教師について学び始めたならば、それを学び終えるまでは教師を変えるべきではないと述べている。

師弟関係には権威主義的な一面もあった。両者の関係は医師と患者あるいは父と子の関係にたとえられ、アンサーリーのように、教師は父親以上の存在であるとする学者もいた。生徒にとって教師の権威は絶対であった。イブン・ジャマーアもこのような観点に立って教師に対する生徒の接し方を論じている。彼によると、生徒はまず身だしなみを整えてから教師に接するべきであった。そして、教師の誤りや欠点はできるかぎりよい方向で解釈し、教師の間違いを指摘する場合にも、教師が自ら気づくよう遠回しに指摘し、教師に恥をかかせないよう配慮するのが生徒のとるべき態度であった。また、授業以外においても、生徒は教師に気を配るべきであり、例えば雑踏のなかでは、教師が人びとに押されないよう盾になって師を守るものとされた。さらに、教師の子や孫に気を遣うことや、教師がなくなった場合にその墓に参ることなども生徒の心得の一部であった。

教師の権威が強調される一方で、教師にも生徒を自分の子のようにあつかうことが期待された。実際、祝祭日に食べ物や菓子を生徒に振る舞った教師や、さらには、自分の給与を生徒たちに分け与えた教師さえいたといわれている。師弟のあいだにはこのように密な

[10] エジプト出身の学者(1520没)。15世紀末には20年間にわたってカイロにおけるシャーフィイー学派の大カーディーを務めた。スーフィーとしても有名。

関係があるべきものと考えられていたので、教師の選択が生徒のその後の人生に大きな影響を与えることもあった。

では、良い教師を選ぶためにはどういう点に注意しなくてはならないのか。イブン・ジャマーアをはじめ複数の論者が良い教師の条件としてあげているのは、生徒が学ぼうとする分野を教える資格をもち学識があることに加えて、敬虔で人格者であることと、年をとっているということである。一見したところ常識的なことばかりであるが、その背景にはイスラーム諸学に特有の考え方がある。それはどういうことか。まずは教育資格の考え方からみていこう。

学統に対するこだわり

ジャラール・アッディーン・スユーティー[11]は、多くの分野について著作を残し、その数は数百点におよぶ。彼は、クルアーン読誦学についても著作を残しているが、自分にはこの分野について教える資格がないと自伝のなかで述べている。彼は読誦学を教師について学ばなかったため、しかるべき権威にもとづいて自分の知識を伝授しえないというのがその理由である。彼がどのようにしてクルアーン読誦学を学んだかははっきりしないが、おそらく書物をとおして独学したのであろう。教師について学ぶことがいかに大切であった

[11] カイロ出身の学者(1445～1505)。マムルーク朝末期のカイロで，マドラサ教授やシャーフィイー学派裁判官などとして活躍した。

かということがよくわかる話である。

ところで、スユーティーが、しかるべき権威にもとづいて自分の知識を伝授しえないとしている点については少し説明を要するだろう。教師について学ぶにしても、資格のある人物から学ばなくては意味がない。それでは、教える資格の有無はどのようにして判断されたのだろうか。ここで重要になってくるのが、さきに述べた免許付き読誦証明などの免状(イジャーザ)である。つまり、免状をもっている人物について学び、その人物から免状を得てはじめて、学んだ内容を他人に教えることができるようになるのである。そして、資格を得た人物は、こんどは教師となって別の人物に教え、免状を発行することになる。

この免状には、発行した人物がたしかに有資格者であることを示すために、その免状の対象となっている書物の著者あるいは特定の学問分野の祖へと遡る師弟関係の連鎖が示される。例えば、ある書物をたしかに読誦したという免状が出される場合、その免状を発行した教師AはBという学者のもとでその書物を読誦し、BはCから免状を授与され、Cはその書物の著者Dに師事してこの書物を読誦したというような情報が記されるのである。

要するに、この免状が証明しているものは、その保持者が修得した学問知識がしかるべき人びとをへて学祖や原著者からその人物にまで正しく伝えられてきたということである。言い換えれば、その人物が修得した知識の正しさや水準を保証するのは、学祖や原著者に遡る師弟関係の系譜なのである。したがって、どれほど多くの書物を読んで知識を身につけたとしても、師弟関係の系譜を示せなければ、その知識は評価されないということになりかねない。スユーティーが自分にはクルアーン読誦学を教える資格がないとしている理由は、師弟関係の系譜をたどって伝えられてきたものとして読誦学を学んでいないからなのである。

学者の伝記集をひもとくと、たいていの場合、それぞれの学者が教えを受けた師の一覧および彼らから学んだ学問やハディース、そして伝記の主が教えた弟子の一覧をみることができる。他方、これら以外の情報はあまり含まれておらず、当該人物の婚姻関係や生業すら記録されていないことのほうが多い。つまり、伝記集というよりは学問履歴集といったほうがふさわしいような編纂物が多いのである。

伝記集のなかには、特定の学問分野や学派に限定したものもある。このような伝記集の多くは、最初に学祖の伝記がおかれ、つぎにその直弟子たち、そして孫弟子たちという具合に、師弟関係の世代ごとに編纂されている。これはつまり、その学問分野なり学派なりの開祖から正しく伝統を受け継いだ学者たちの総覧である。師弟関係の系譜が示せないということは、この種の伝記集に名前が載らないということであり、その分野の学者として認められていないということになるのである。このような伝記集を編んだのがほかならぬ学者たち自身であることを考えると、師弟関係に寄せる彼らの関心の大きさが理解できよう。

このように学問伝統の系譜を尊重するという考え方は、ハディース学におけるイスナード（一六頁参照）重視とかさなり合う。第1章で述べたように、ハディースの評価にさいしては、伝承本文よりもむしろイスナードが注意深く検討された。本文がもっともらしい内容であっても、イスナードに欠陥があれば、そのハディースは評価されない。それと同様に、どれほど多くの知識を獲得しても、その分野の学統に連なる人物から学んだのでなければ、その学問の専門家としては評価されないのである。したがって、良い教師を選ぶためには、その人物自身の学識や能力だけでなく、学祖からその人物にいたる学統にも注意をはらわなくてはならないのである。

より良い学統を求めて

「知識を求めよ。たとえ、それがスィーン（シナ、中国）にあろうとも。なぜなら、知識を求めることは、すべての信徒に課された務めであるのだから」というハディースは、学問の旅の重要性を強調するさいにしばしば引用される。より良い学統やイスナードに連なるためには、それらをもつ人物に学ばなくてはならない。そういう学者が近くにいなければ、その人物を訪ねて行かねばならない。直接対面して教えを受けたりハディースを聞いたりするために、学者や学生たちは各地を遊学した。学者たちの伝記には、彼らが勉学のために訪れた街や地域の一覧がたいてい収録されている。第1章でも述べたとおり、二大『真正集』を編んだブハーリーとムスリム・ブン・アルハッジャージュ(一八頁参照)は、真正なハディースを収集するために、中央アジアやイランからエジプト、ヒジャーズにいたる広範な地域を何年にもわたって訪ね歩いた。

ハディース学の方法論を述べた書物では、故郷で学んだあとは優れた師を求めて異郷へ旅立つことが推奨されているのが普通である。また、ハディース収集の旅に主題を絞った『ハディース探求の旅』[12]という書物も著されている。しかしながら、必ずしもすべての学者が師を求めて旅を続けたわけではない。現代と比べて旅をすることがはるかに困難な時代にあって、巡礼や商用を兼ねるにしろ、だれでも学問のために旅に出られたわけではなかろう。ハディース学の理論書において、旅をせずに故郷で著述するような人物は信用してはならないという記述をみることがあるが、裏を返せば、このようなハディース学者が存在したということである。

両『真正集』をはじめとする代表的なハディース集の評価が定まり、広く流布するようになれば、ハディース本文のテキストとその評価は事実上確定することになる。さらにそ

[12] ハティーブ・バグダーディー(1002〜1071)著。

のテキストが写本のかたちで保存され普及するようになれば、正確さを保証するという意味でのイスナードの重要性は低下することになろう。別のいい方をすると、評価の確立したハディース集に収録されているハディースを学んだ学者に師事すれば、ブハーリーやムスリム・ブン・アルハッジャージュが何年もかけて各地を旅して収集したハディースを短期間に一括して学ぶことも可能になるのである。そして、代表的なハディース集を学んだ学者が各地にあらわれるようになれば、つぎの世代はその人物から学べばよいのであるから、地域内でハディース修得のための勉学をほぼ完結できることになる。

実際、イランのホラーサーン地方においては、十世紀前半まではイラクへ留学する人物が多かったのに対して、十一世紀後半以降は域内で学ぶ者が多くなり、やがてその数が過半数をこえていったことが、伝記集を分析した研究によって明らかにされている。かくして、学者たちの主張とは裏腹に、時代をくだるにつれて学問のために広範囲に旅をする必要性は薄れていったと考えられる。ただし、学問のために遠くへ旅する人の割合が減ったことは、イスナードや学統へのこだわりが薄れていったことを意味するわけではない。むしろ、遠くへでかけなくとも学ぶ機会がふえたことによって、多くの人びとがより良いイスナードや学統にこだわることができるようになったと思われる。ではつぎに、十四世紀のダマスカスで実施された講義の記録にもとづいて、そのこだわりぶりを具体的にみてみることにしよう。

十四世紀ダマスカスにおける聴講記録

一三二六年にダマスカスを訪れたイブン・バットゥータ[13]は、ウマイヤ・モスク（口絵一頁参照）でおこなわれたブハーリーの『真正集』の講義に出席したと『大旅行記』に記している。それによれば、講義は二週間にわたって『真正集』全巻を講じるもので、出席者は多数におよんでいたという。続けて彼は、講師のシハーブ・アッディーン・アフマド・イブン・アッシフナ・ハッジャール[14]とブハーリーをつなぐイスナードを詳しく記している。つまり、この講義の出席者は、『真正集』におさめられたハディースを二週間ですべて聴講し、ブハーリーへと遡るイスナードに連なることができたのである。

ところで、イスナードの評価にさいして、さきに述べたことがらに加えてもう一点重視された点がある。それは、ハディースの本文を語った人物と自分とのあいだに介在する伝承者の数で、その数が少ないほうがより望ましいイスナードであると考えられたのである。介在者が少ないほど情報がより正確に伝わると考えられるのはもちろんであるが、それにもまして、ハディースを語った人物との距離が少しでも縮まるということが重要であった。つまり、伝承者の連なりが短いほど、そのハディースを学ぶことによって、預言者や教友

13 モロッコ出身の大旅行家（1304～68頃）。
14 シリアやエジプトで活動したハディース学者（1226頃～1329）。

により近づくことができるというわけである。

ハディース学以外の分野でも同様であった。学祖に遡る系譜に含まれる人物が少ないほど、その学者が学問の開祖により近いことを示すと考えられたのである。したがって、より短い学統をもつことが学者の評価を高めることにつながった。イスナードや学統に含まれる学者の数を減らすためには、できるだけ高齢の師が若い学生に教え、その学生が長生きをして没する直前につぎの若者に教えるというかたちでハディース伝承や学問教授を続けていかねばならない。さきに、年をとっていることが良い教師の条件であると述べたが、その根拠の一つは以上のような考え方にある。

上述のダマスカスにおける講義の講師であったハッジャールは、まさにこのようなイスナードの持ち主であった。彼の伝記は、その生年を一二二六または二七年頃と伝えるので、上述の講義がおこなわれた一三二六年には、彼は百歳前後に達していたということになる。また、イブン・バットゥータによれば、ハッジャールは一二三三年八月にダマスカスでブハーリーの『真正集』全巻をスィラージュ・アッディーン・フサイン・ザビーディー[15]という学者から聴講したという。伝記集に記された両者の生没年から計算すると、この当時ハッジャールは六、七歳で、ザビーディーは八十一、二歳となる。しかも、このあと半年もたたないうちに、ザビーディーは没しており、ハッジャールは絶妙のタイミングで教えを

[15] アイユーブ朝下のダマスカスなどで活動したハンバル学派法学者，ハディース学者(1151/2 ～ 1233)。

受けたということになる。さらに、ザビーディーが『真正集』を学んだのは一一五八／九年のことであると記されており、それは彼が七歳前後の時期にあたる。

以上の例を含め、ハッジャールにいたるイスナードに含まれる伝承者が『真正集』を学んでからつぎの伝承者に教えるまでの間隔は、一例を除いてすべて六〇年から八〇年におよんでいる。その結果、九世紀後半にブハーリーが『真正集』を講じてから十三世紀前半にハッジャールが聴講したおよそ三七〇年間が、わずか五人の伝承者でつながっているのである。はたして、このような伝承が本当に可能だったのであろうか。あまりにもできすぎた話なので、ハッジャールの生年やこのイスナードのどこかに情報の操作や誤りが含まれているのではないかと疑いたくなる。その可能性は否定できないが、学者の伝記を調べていくと、十歳に満たない少年が八十歳をこえた老師に学んだという記述にときおりでくわすことも事実である。それらがすべてつくり話とは思えないので、大きな年齢差をともなう師弟間でのハディース伝承あるいは学問伝授が実際におこなわれて

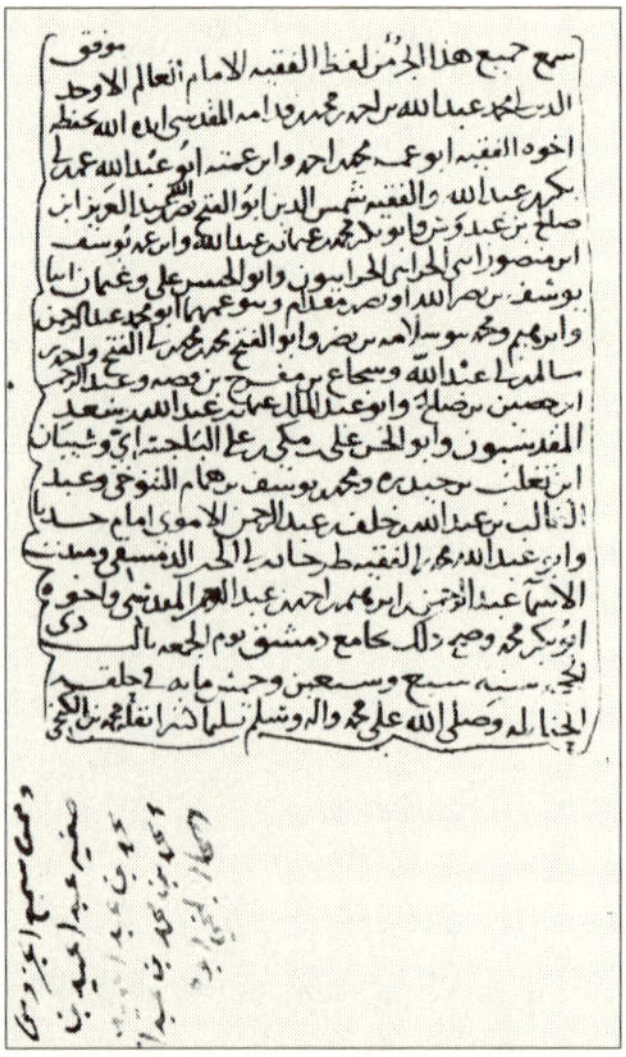

▶聴講証明　1182年にダマスカスのウマイヤ・モスクでおこなわれた講義の聴講証明。講師や出席者の名前も記されている。

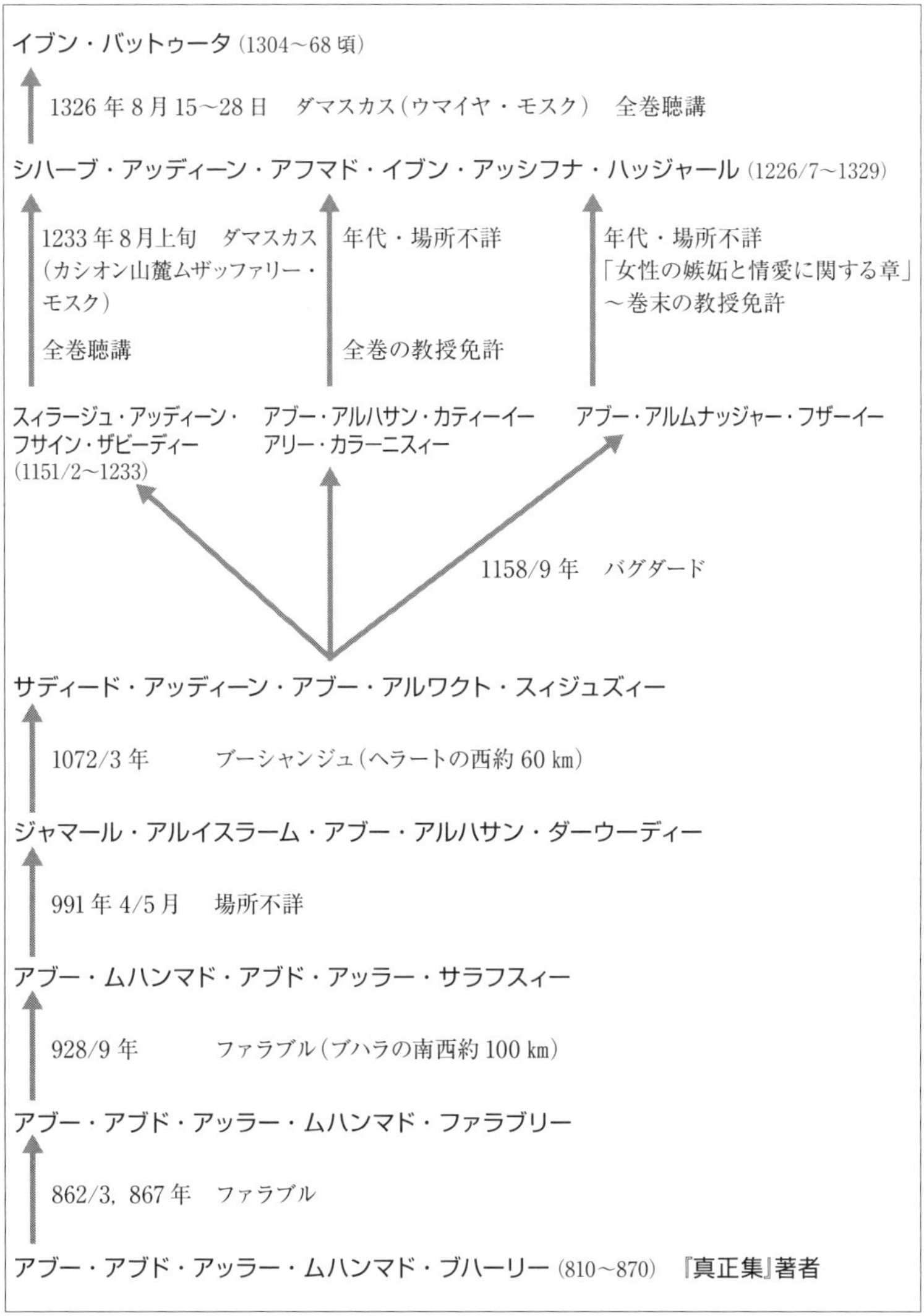
イブン・バットゥータ(1304～68頃)
1326年8月15～28日 ダマスカス(ウマイヤ・モスク) 全巻聴講
シハーブ・アッディーン・アフマド・イブン・アッシフナ・ハッジャール(1226/7～1329)
1233年8月上旬 ダマスカス(カシオン山麓ムザッファリー・モスク)
全巻聴講
年代・場所不詳
全巻の教授免許
年代・場所不詳
「女性の嫉妬と情愛に関する章」～巻末の教授免許
スィラージュ・アッディーン・フサイン・ザビーディー(1151/2～1233)
アブー・アルハサン・カティーイー アリー・カラーニスィー
アブー・アルムナッジャー・フザーイー
1158/9年 バグダード
サディード・アッディーン・アブー・アルワクト・スィジュズィー
1072/3年 ブーシャンジュ(ヘラートの西約60㎞)
ジャマール・アルイスラーム・アブー・アルハサン・ダーウーディー
991年4/5月 場所不詳
アブー・ムハンマド・アブド・アッラー・サラフスィー
928/9年 ファラブル(ブハラの南西約100㎞)
アブー・アブド・アッラー・ムハンマド・ファラブリー
862/3, 867年 ファラブル
アブー・アブド・アッラー・ムハンマド・ブハーリー(810～870) 『真正集』著者

▲**『真正集』の伝承経路**(ブハーリーからイブン・バットゥータまで)

『大旅行記』(第1巻289～292頁)より作成

いたと考えてよかろう。

　しかしながら、このような学問伝授がすべて実質をともなったものであったかというと、どうもそうではなかったようである。ここでもう一度、ハッジャールのイスナードに立ち戻ってみよう。このイスナードには、ザビーディーから聴講したという記述のあとに、彼とは別の二人の人物から『真正集』の教授免許を受けたと記されているのである。これはつぎのような事実を示していると考えられる。つまり、ハッジャールはまず七歳前後で『真正集』の講義に出席し、その後この書物を本格的に学び、別の人物から教授免許を取得したのである。

　では、高齢のハッジャールが二週間にわたる講義をおこないえたということについてはどうであろうか。実はこれにもからくりがある。イブン・バットゥータは、講師とは別にテキストの朗読者としてアラム・アッディーン・ビルザーリー[16]という人物をあげている。つまり、ハッジャールは講義で二週間にわたってテキストを朗読する必要はなかったわけである。実際に彼がはたした役割とは、講義に立ち会い、朗読されたテキストが自分の伝えたものに相違ないことを認証することであった。

　以上の例からわかるように、幼児が老人に学んだという記録をすべて疑ってかかる必要はないが、そのような師弟関係の多くは形式的なものであったと思われる。しかし、たと

16 シリアで活動した歴史家，ハディース学者（1267 ～ 1339）。

え形式的ではあっても良いイスナードに連なる師弟関係は非常に重視されていたのである。つまり、この時代のイスナードは、伝承内容の正確さを担保するためというよりは、預言者や教友、学祖とのつながりを示すために重要だったのである。

写本テキストが存在しても、それを朗読して聴講することによって口承という形式にこだわったことと、より良いイスナードへのこだわりは、当時の学問の伝授がたんなる情報の受け渡しではないということを示している。学問分野の多くが宗教に直接かかわるものだったので当然ではあるが、学問を学び教えるという行為は信仰に直結していたのである。

第3章 職業としてのイスラーム学者

イラク南部のクーファで活動したスフヤーン・サウリー（七七八没）というハディース学者は、「かつて財産は望ましくないものと考えられていたが、今では、それは信仰者の盾である。もしもこれらの金貨がなかったならば、支配者たちはわれわれを消し去ってしまうであろう」という言葉を残している。支配者に経済的に依存してそのいいなりにならないように、学者も財産をもつことが望ましいといっているのである。

莫大な遺産を相続したというならば話は別だが、経済的に自立するためには働かなくてはならない。今日であれば、学者と呼ばれる人びとは、大学や研究機関で教授や研究員として働いていることが多い。しかし、それ以外にもさまざまな職や身分の学者がいる。したがって、学者がつく職業は何か、あるいは学者はどのようにして生活の糧を得るのかという問いに答えることは、じつはなかなか難しい。

そもそも、イスラーム学者の伝記を調べてみても、彼らの経済基盤を示すような情報はなかなかみあたらない。どういう職についていたかということは学者の評価にはあまり関係のない情報なので、記録に残りにくいのである。おそらく、彼らの多くは学問とは直接かかわらない仕事に従事していたのであろう。

しかしながら、まったく情報がないわけではない。裁判官やマドラサの教師のように学問と直接関係するような仕事や、政治顧問、外交使節といった政権の要職については、学者がついた職業として記録に残りやすい。本章では、学者が身につけた学問と関係が深い職業として、裁判官と教師について少し詳しくみていくことにしたい。

裁判官(カーディー)の仕事

アラビア語で「判決をくだす者」という意味をもつカーディーという語は、裁判官と訳されることが多い。預言者ムハンマドの時代から裁判官が任命されていたという説もあるが真偽のほどは定かではない。しかし、イスラームという新しい宗教にもとづく社会を建設するためには、そのルールにのっとった裁定をくだす公的な権威が必要になるわけであるから、かなり早い時代から裁判官に相当する職は存在したことであろう。裁判官は当然イスラーム法に通暁した者でなくてはならない。しかし、イスラーム法が体系化され法学が方法論を備えた学問として成立するのが八世紀以降のことであるから、それまでの裁判官は、後代の基準からは学者と呼べる者ばかりではなかったと考えられている。

アッバース朝が司法制度を整備し、法学が学問の重要な分野として成立するにつれて、裁判官は法学者が就任する代表的な職となった。カリフ＝ラシードの治世（七八六〜八〇九年）には、首都バグダードに大カーディー（首席裁判官）がおかれ、地方の裁判官も首都の大カーディーが選任するという中央集権的な体制が整えられた。マームーンが開始したクルアーン被造説にかんする異端審問において、この説を否定した各地の裁判官たちが罷免され、支持派の裁判官におきかえられていったことは、中央政府が任免権を掌握していたことを示している。

しかし、十世紀前半、国家としてのアッバース朝の崩壊が進み実質的に独立した政権が各地に成立すると、それらの地域で独自に裁判官が任命されるようになる。地域や王朝によっては、特定の法学派だけから裁判官が選任されることもみられた。また、強力な政権が存在しなかった地域では、特定の家系が裁判官を世襲したり、裁判官が政治権力を掌握したりする例がみられた。例えば、十一世紀から十二世紀にかけて、地中海東岸のトリポリやジャバラでは、裁判官が事実上の支配者としてふるまったこともあった。

▶**裁判官**（カーディー）
左に座る裁判官が，父と娘の訴えを聞いている。

中央集権的な国家がふたたび成立した地域では、裁判官の任免権も国家が回収していった。エジプトとシリアでは、十三世紀半ばに成立したマムルーク朝のもとで、首都カイロの大カーディーを頂点とした中央集権的な体制が整備され、地方主要都市の裁判官はカイロから任命されるようになった。

つぎに、裁判官たちの職務についてみてみよう。時代や地域によって異なるが、イスラーム法に従って判決をくだす裁判を主宰するほかに、婚姻契約の認証など現代の日本では役所の窓口であつかうような日常的な事項も裁判官の管轄下にあった。もちろん、細々とした実務は代理裁判官や書記などが担当した。このような仕事も興味深いが、ここでは裁判にかんする職務に絞って考えることにする。

具体的に考える手がかりとして、裁判官任命状のひな形をみてみよう。アッバース朝時代に著された官僚の手引書『租税および書記術の書』には、裁判官任命状のひな形がおさめられている。このひな形には、著者クダーマ・ブン・ジャーファルが官僚として活躍した十世紀前半に発給されていた任命状の内容が反映されている。

コラム2に掲げた任命状ひな形からは、つぎのようなことがわかる。まず、法廷の開催場所は、金曜モスクである。事実認定のための証拠については、証人と証言の取り扱いにかんする規定がかなり細かく記されているのに対し、物的証拠への言及は少ない。これは、

Column #02

アッバース朝地方裁判官任命書のひな形

アッバース朝時代には官僚制が発達し、官僚たちにはさまざまな能力と知識が要求された。そのため、官僚が身につけるべき知識や文書のひな形などを収録した手引書がいくつも著された。クダーマ・ブン・ジャーファルが著した『租税および書記術の書』もその一つである。著者はキリスト教からの改宗者で、十世紀前半に中央官僚として活躍し、九三〇年頃にこの書を執筆したとされている。したがって、同書に収録された任命状のひな形は、十世紀前半に発行されていた任命状の内容が反映されていると考えられる。原文はかなり分量があるので、裁判官の任務にかんする部分の大意を示すことにする。

神を畏れ敬い、正義と公正を実現する。心から神を畏れ敬い、背く者は神の罰を受けることを知り、神の報酬を望む。信徒の長(カリフ)が委任したことを誠心誠意おこなう。神の書(クルアーン)と預言者のスンナに通じ、信頼できる任地の人びとを諮問役とする。任地の金曜モスクで法廷を開き、もっとも公正で正しい状態ともっともよい時機を意識して判決をくだす。案件を十分調べ、原告・被告双方の言い分をよく聞き、話し合う。貴賤を理由に手加減をしてはいけない。

神の書と預言者のスンナにもとづいて判断する。証言と証人を念入りに確認する。証言の信頼性と公正さが確認され、早急に判決をくだすべき場合は、判決を遅らせない。判断が困難な場合は、識者に諮問する。それでも解決が困難な場合は、信徒の長の判断をあおぐ。復讐などの流血事件については判決を差し控えて、信徒の長に意見をあおぐ。悔悟が認められた場合を除いて、悪人や疑念をいだかせる者の証言は採用しない。〔他の〕裁判官たちから届いた文書や証人の証言は精査し、適切であればそれにもとづいて判決をくだす。しかし、そこに不正がみられる場合や、著名な指導的法学者の学説に反する場合は、それらの証拠に依拠せず、信徒の長にその旨を書き送る。

裁判官の判決や文書を〔正当な理由なく〕否定したり、無効としたり、拒否したりしない。前任者のもとにあった証拠と文書は尊重し、それらにもとづいて任務を進める。前任者が預かっていた財貨、遺産、預託財産を引き継ぎ、神の正義と定めに従ってあつかう。

異教徒を遺産相続人に任命しない。異教徒の証言は、同宗教信徒に対するものは採用するが、ムスリムに対する証言は採用しない。ムスリムの証言は、異教徒に対するものも採用する。異教徒間の係争案件は、イスラームの定めに従って判決をくだす。

偽証常習犯について調査し、その人物および彼から有利な証言を得た人物を懲らしめる。

〔クダーマ・ブン・ジャーファル『租税および書記術の書』第5章第4節より〕

伝統的なイスラーム法廷では証言が重視されていたからである。

シャリーア（イスラーム法）という語はみえないものの、クルアーンとスンナにもとづいて判断することが明記されている。また、裁判官の判断が主要学説と食い違うような場合はカリフに報告することが定められている。この文面からは、カリフに指示をあおぐのか報告だけでよいのかは判然としないが、各地で判決の根拠に相違が生じないよう統一をはかっていることは読み取れる。その一方で、現地人を諮問役にむかえることになっており、地域の実情に合わせた法の運用にも注意がはらわれている。いずれにせよ、イスラーム法につうじた者が裁判官を務めるということが前提になっていると考えてよいだろう。

主要学説との齟齬《そご》にかぎらず、判断が難しい問題についてはカリフに意見をあおぐよう規定されている。カリフの意見をあおぐということは、バグダードの大カーディーの判断が大きな影響をもつということである。つまり、大カーディーを頂点とした中央集権的な体制が、地方の裁判官の任免だけでなく、彼らの判決についてもおよんでいたことがわかる。

ところで、裁判官の給料はどの程度のものであったのだろうか。地域や時代によって異なるので一概にはいえないが、少なくとも主要地域の裁判官は悪くない給与を得ていたと思われる。例えば、八世紀半ばのエジプトの裁判官は、原則として月末ごとに一〇ディーナールを国庫から支給されていた。八世紀のエジプトでは、一イルダッブ（約九〇リットル）当たりの小麦価格が、通常は一〇分の一ディーナール前後で推移していたことが知られている。当時の裁判官の月給はその一〇〇倍の額であるから、かなり余裕のある生活が送れたはずである。

マクタブとマドラサ

つぎに、学者がたずさわったもう一つの主要な職業として、教育関係の仕事について考えてみよう。まずはアラビア語の読み書きといった初等教育である。預言者ムハンマド自身は読み書きができなかったと伝えられるが、その重要性は十分認識していた。ヤスリブに拠点を移したヒジュラ[1]以降、イスラーム教団はムハンマドを指導者とする国家へと成長していった。その過程で、種々の文書を作成したり読解したりする人材、すなわち書記が必要となってきたのである。ムハンマドは、バドルの戦い[2]でとらえたクライシュ族の者たちに、ムスリムに対する読み書きの教育を命じたという。そして、教育の成果があらわれた場合は、身代金が支払われたとみなして捕虜を釈放したと伝えられる。

行政や商業にたずさわる者にかぎらず、クルアーン読誦の基礎やそのために必要なアラビア語能力の修得はムスリムにとって推奨されることであり、その教育が古くからおこな

1　622年，マッカ（メッカ）での迫害が激しくなったため，ムハンマドは信徒たちとともにヤスリブへ逃れた。このことをヒジュラ（移住，聖遷）という。ムハンマドの拠点となったヤスリブは，のちにマディーナ（メディナ）と呼ばれるようになった。
2　624年，マディーナのムスリム軍がマッカのクライシュ族の軍勢を破った戦い。

われていたと考えて間違いはないであろう。このような初等教育がおこなわれる場所を、クッターブあるいはマクタブという。専用施設が設けられる場合もあったが、たいていは教師の家やモスクがマクタブとして利用された。

小規模な礼拝所では定めの礼拝がおこなわれる時間以外は閉門されていることも多いが、ある程度大きなモスクになると、礼拝時間以外も信徒たちが瞑想《めいそう》にふけったりクルアーンを読んだりする場として用いられるのが普通である。このようなモスクでは、しばしばその一角を用いて教育活動がおこなわれてきた。初等教育だけでなく、ハディースや法学などの学問についても、モスクが教育の場として用いられてきた。このような講義ないし講座は、アラビア語で「輪」を意味するハルカという名称で呼ばれた。教師のまわりを取りかこむように生徒が座ったため、このような名がついたといわれている。

モスクなどを利用した教育活動が続けられる一方で、ハディースや法学など諸学問の教育をおこなうマドラサ(学院)という施設があらわれた。マドラサとは「学ぶ場所」を意味するアラビア語である。その起源については不明な点が多いが、十世紀にはイラン北東部のホラーサーン地方に存在したと伝えられている。十一世紀には、セルジューク朝の宰相ニザーム・アルムルク[3]が自分の名を冠したニザーミーヤ学院をバグダードやニーシャープールなど主要都市に建設した。十二世紀にはいるとシリア各地に普及し、世紀後半にはア

3　ホラーサーン出身の政治家(1018～92)。セルジューク朝の最盛期にあたるアルプ・アルスラーン，マリク・シャーの両スルターンのもとで宰相を務めた。

イユーブ朝下のエジプトに導入された。そして十三・十四世紀には、イスラーム圏各地でマドラサがみられるようになった。

モスクの一角がマドラサとして利用されることもあれば、私邸が転用される例もしばしばみられたが、立派な専用施設をもつ大規模なマドラサも存在する。マドラサの建築様式は地域や時代により異なるが、中央アジアから西アジア、北アフリカにかけてみられる例では、建物が四角い中庭をかこむように建ち、その一部に授業をおこなうホールと礼拝室が設けられるのが普通で、さらに学生や教員の居室が設けられた。つまり校舎と学寮が一体になった施設で、遠方の学生はそこに住み込んで学ぶことができたのである。授業料は徴収されず、逆に生活手当が支給された。さらに、各マドラサの規定にそって、毎日の食事、祝祭日の特別食、季節ごとの衣服、文具などが学生に与えられた。

一つのマドラサに学生や教職員は何人くらいいたのだろうか。大規模マドラサの例として、十四世紀後半に設立されたカイロのスルターン・ハサン学院の各種定員数をみてみよう。このマドラサは、マムルーク朝のスルターン＝ナースィル・ハサン（在位一三四七〜五一、五四〜六一）が設立したもので、その巨大な施設は現在でもモスクとして使用されている（口絵三頁参照）。スルターン・ハサン学院にはスンナ派四法学派の教授（ムダッリス）が一人ずつおかれていたほか、法源学、ハディース学、クルアーン注釈学、クルアーン読誦学、アラビア語学、医学、暦学天文学を教える教授がそれぞれ一人いた。教授、助手(ムイード)など教員に加えて、学院の維持管理にあたる職員がかなり存在し、教職員の総数は三一〇人におよんだ。一方、正規学生の定員は五〇六人で、これ以外に二〇〇人の孤児が給付を受けていた。手当の額は、教員が月額一〇〇〜三〇〇ディルハム、学生が月額一〇〜五〇ディルハム、孤児が月額三〇ディルハムであった。

このように、一つのマドラサにいる教授は多くても数人から一〇人程度で、教授が一人だけというマドラサも多かった。手当を支給される正規の学生の数は、最大級のマドラサでも数百人程度で、小さなマドラサでは一〇人前後であった。現代人の感覚からすると、中世のマドラサは比較的小規模な教育施設であったことがわかる。

学生や教職員の定員などの規定に比べて、教育の仕組みについてはわからないことが多い。入学や卒業にかんする明文化された規定や明確な教育カリキュラムはなかったようである。初

◀**旧ザーヒリーヤ学院モスクの中庭**　礼拝時間以外には，モスクの中庭は語らいの場にもなる。後ろは礼拝室。

▶**旧ザーヒリーヤ学院モスク**　1223年に開校したシャーフィイー学派のマドラサ。アレッポのアイユーブ朝君主ザーヒル・ガーズィー(在位1186〜1216)が設立し，設立者の没後に建物が完成した。

等教育を終えた十代後半から二十代前半の学生が多かったのではあろうが、とくに年齢制限はなかったので、さまざまな年齢層の学生が一緒に学んでいた。マドラサは男性のみを受け入れるのが普通で、女性に対する教育はもっぱら私邸でおこなわれたようである。ただし、大きな都市には女性用の教育施設が設けられることもあった。

授業では教授自身の著作か彼が教授免許をもつテキストが講じられた。テキストの読誦と暗誦が中心であったが、教授と学生とのあいだで質疑がかわされることもあった。必要に応じて助手が教師の言葉を繰り返したり生徒の学習を助けたりした。つまり、マドラサでおこなわれていた授業の内容と方法は、モスクや私邸でおこなわれていた学問伝授と基本的には同じであった。

教師と学生の関係が重要であったことも従前通りであった。マドラサで学んだ学生が手にする免状はその教授の名で発行されるのであり、マドラサとして発行する卒業証書のようなものはなかった。学者たちにとって、どのマドラサで学んだかということはあまり重要ではなく、彼らが学んだマドラサの名称が伝記に収録されることはまれである。マドラサが普及した時代にあっても、だれに学んだかが重要であることには変わりがなかったのである。

以上のように、マドラサは新たな教育制度として始められたというよりは、既存の学問や教育活動に専用の場所や種々の便宜を提供する新たな仕組みとして登場したのであった。

ワクフによる運営

マドラサやマクタブはどのようにして運営されていたのだろうか。小規模なマクタブは、生徒の保護者から徴収した授業料によって運営されていたと思われるが、上記のごとくマドラサにおける授業は無償で、さらに学生に手当が与えられる場合も少なくなかった。また、無償で提供される初等教育も存在した。一一八四年にアイユーブ朝下のダマスカスを訪れたイブン・ジュバイル[4]は、同地のウマイヤ・モスクでおこなわれていた教育活動の様子をつぎのように伝えている。

最も奇妙な話は一本の円柱についてで、これは新旧の両マクスーラの間に立っているもので、一定のワクフがついていて、学んだり教えたりするためにこの円柱にもたれかかる者がそれを受け取るのである。われわれはここでイシュビーリーヤ(セビリア)出身の、ムラーディーという法学者を見た。朝のクルアーンの七分の一の読誦集会が終わると、人々はこの円柱にもたれかかる。彼の前にも一人の少年が座り、彼はその少年にクルアーンを教え込むのである。若者たちにも読誦に対して決まった手当が支給される。

〔『イブン・ジュバイルの旅行記』(藤本勝次・池田修監訳、一部改変)〕

4 イベリア半島出身の学者，旅行家(1145 ~ 1217)。1183 年にグラナダを出発し，エジプトをへて，メッカ巡礼をはたす。そののち，イラク，シリアを訪れ，海路シチリアを経由して 1185 年にグラナダへ帰還した。

モスクでおこなわれるクルアーン教育について、教師のみならず生徒にも手当が支給されているという事実を、イブン・ジュバイルは驚きをもって紹介しているのである。このような無償教育を支えていたのが、ワクフという制度である。ワクフとは一種の宗教的寄進行為をあらわす言葉で、原義は「停止する」という意味である。ワクフのために寄進された物件をワクフ物件またはワクフ財源などと呼び、その所有権の移動は恒久的に停止される。また、寄進の対象となる施設や慈善活動などをワクフ対象と呼ぶ。ワクフ物件はワクフ設定者（寄進者）の所有権が確立した物件でなくてはならず、財源としての恒久性が求められるため、土地や建物といった不動産がワクフ物件とされることが多い。

ワクフ対象は、イスラームにとっての善行を目的としたものでなくてはならない。モスクなどの宗教施設の維持や教育活動がその代表的なものである。イブン・ジュバイルが紹介しているワクフでは、ウマイヤ・モスクの特定の時間に定められた場所でおこなわれるクルアーン教育がワクフ対象とされ、それにかかわる教師と生徒双方に手当を支給するよう定められていたのである。このように、教育活動や救貧活動などの経費だけにあてられるワクフもあれば、ワクフの設定とワクフ対象施設の建設が一体としておこなわれる場合もある。例えば、ワクフ対象としてモスクや学校を建設し、一方で農地や貸店舗などの不動産をワクフ物件（財源）に指定して、そこからあがる収益をワクフ対象のモスクや学校の人件費や維持費などに用いるよう定めるのである。ワクフを設定するためには、以上のような条件を明記したワクフ文書を作成し、法廷で認可を受けなくてはならない。

私財を投じてワクフを設定するのは、何よりもまず信仰心の発露であろうが、そのほかにもさまざまな目的があったとされる。例えば、自分や子孫の墓廟を併設したマドラサを建設し、マドラサとともに墓廟の維持をワクフの目的とするような例が多数みられる。いわば菩提寺《ぼだいじ》を創建するようなものである。

また、財産の散逸を防ぐ効果も期待された。イスラーム法の相続規定では、女子も含めて遺産は遺族のあいだで分割されることになっていたため、世代をへるごとに財産が細分化されるおそれがあった。それに対して、ワクフに組み込まれた財産は、所有権の移転が停止されるので、細分化を逃れることができるのである。もちろん、ワクフ物件とされた財産は元の所有者のものではなくなるが、事実上保有しつづけることは可能であった。それはどういうことか。マドラサを設立してワクフを設定した場合を考えてみよう。

ワクフ設定者は、分割を防ぎたい不動産などをそのマドラサのワクフ財源として設定したうえで、自分自身をワクフ管理者に指名する。こうすることによって、ワ

▶旧ファッルーフシャーヒーヤ学院
12世紀後半にアイユーブ家の一族によってダマスカスに設立されたハナフィー学派のマドラサ。遺構が修復保存されている。ドームの下に墓廟がある。

クフ財源となった財産を引き続き自分で管理することが可能になる。さらに、管理者の地位の継承順をワクフ文書で規定しておくことによって、特定の子孫の家系がワクフを独占的に管理しつづけるよう定めることもできた。そのワクフが適切に管理運営されるかぎり、財産の細分化を防げるというわけである。また、ワクフの管理権を握っておけば、一族をマドラサの教職員として採用したり、ワクフ財源から支出される各種手当の支給対象者に指定したりすることによって、設定者一族へワクフ財源の一部を還流させることもできたのである。

今日でも、例えば、資産家が私財を投じて財団法人を設立し、自分が収集した美術品をその財団に寄贈するというかたちで美術館が開設されることがある。これは、自分が収集した美術品が、相続税の支払いや遺産分割のために散逸するのを防ぐための一つの方策でもある。また、このような財団法人の理事長に設立者自身が就任し、さらにその職が子孫へと世襲されることもしばしばみられる。マドラサのたとえという意味では、創設者の子孫が理事長職を世襲している私立の学校法人のほうがよいかもしれない。いずれにせよ、時代や地域が違っても意外と似たようなことがおこなわれているものである。

◀**アレッポ・アイユーブ家の墓廟**(旧ザーヒリーヤ学院モスク)　アレッポ城の南側，城門に対面するように建てられたザーヒリーヤ学院には，設立者ザーヒル・ガーズィーをはじめアイユーブ家一族の墓廟がある。

マドラサ教授

以上、マドラサやマクタブの職員の種類や給与の額など組織としての様子と運営の仕組みについて述べてきた。つぎにそこで教える教師に焦点をあててみよう。彼らはどのように授業をおこなっていたか、どのような苦労があったのだろうか。授業方法は、さきにもふれたとおり暗誦中心であったから、教師がテキストを朗々と読み上げるのを学生が書き取っていくというのが基本的な授業風景であったことだろう。

もちろん、中世の教師もただ漫然とテキストを読み上げていたわけではない。十数人から数十人の受講生に教えるわけであるから、学者どうしあるいは学者をめざす学生に一対一で学問を伝授する場合と同じやり方ではうまくいかないであろう。第2章で言及したイブン・ジャマーアの『教師と学生の良きあり方について聞く者と語る者の覚え書き』という書物は、教師と学生のあるべき姿について論じた作品である。彼が活躍したマムルーク朝時代のエジプトやシリアにはマドラサが数多く存在した。学生と教師の数がふえればそれだけ問題もたくさん発生したことであろう。自らもマドラサで教えたことのあるイブン・ジャマーアは、「学者(教師)には託されたことを思い出させ、学生には課されたことに注意を向けさせる」ためにこの書を著したという。マドラサの教師が注意すべきこととして彼があげている点をいくつかみてみよう。

最初にあげられている注意点は、授業に先立って身を清め、きちんとした服装をすることである。つまり身だしなみを整えて授業に臨まねばならない。そして、クルアーンの一節を読誦し、神への祈願をおこなってから授業を始める。これらの点は、授業が厳粛な宗教的な活動としてとらえられていることを示している。また、授業前の祈願のなかには、ワクフ設定者すなわち当該マドラサの創設者の善行に対する報酬を願うことも含まれており、ワクフ設定者に対する配慮がうかがえる。

授業における学生の扱いについては、つぎのような留意点があげられている。授業にさいしては、椅子に座って学生全員を見渡せるようにする。教場は静粛を保ち、授業の妨げになるような行為におよぶ学生にはそのような行為をやめさせねばならない。学生は公平にあつかわねばならないが、席順はよくできる学生を前のほうに配する。また、授業方法については、より神性の高いもの、より重要なものから順次講義をおこない、適度な大きさの声で語り、理解を促すために三度繰り返すといった点に気をつけるべきであるとされている。

彼がいうところをまとめれば、教師は適切な服装で威厳をもって真剣に授業に臨み、秩序だった静かな授業環境を維持するよう努めるべきである。そして、授業方法を工夫し、学生に対する適切な対応を心がけねばならない。このように、イブン・ジャマーアが説いている内容は、現代の学校でも通用するようなことばかりである。近年、日本の大学でもFD[5]に取り組むようになってきたが、そこで取り上げられるような問題の一部は、十四世紀のイスラーム学者がすでに論じているのである。

ただし、このような書物を著さねばならなかったということは、イブン・ジャマーアのみるところ、これらの事柄をないがしろにする教師がかなりいたのであろう。また、十分な能力がないまま教授になる人物もいたはずである。例えばシリアでは、十二世紀の段階ですでに教授職が世襲されているマドラサが存在した。したがって、能力のない者が教授の息子という理由だけでマドラサ教授になる可能性は十分あったのである。このように、さきに述べたワクフの管理権とともに、マドラサの教授職も一種の利権と化してしまう場合があった。そのようなマドラサのなかには、ワクフが私的に流用されて財政基盤を失い、閉鎖されてしまうものも少なくなかったのである。

マクタブ教師

つぎに、マクタブ教師とはどのような仕事であったのかを考えてみたい。初等教育と高等教育では、教師に求められる資質は異なる。今の日本でも、大学で教えるための教員免許というものはないが、小学校の教員になるためには大学で多くの科目を履修して免許を

5　ファカルティ・ディベロップメント（Faculty Development）の略。大学教員の組織的な教育能力向上を目指す取り組み。日本では2008年より義務化された。

取得しなくてはならない。就学年齢がはっきり決まっていたわけではないが、読み書きの基礎を学ぶためにマクタブで勉強した生徒のほとんどは、五、六歳から十歳前後であったと思われる。マドラサの教師が大学教授であるとするならば、マクタブの教師は小学校教員ということになろう。

私塾のような小さなマクタブはほとんど記録に残らないので、その様子をうかがい知ることはかなり困難である。一方、ワクフによって運営されていたマクタブは、ワクフ文書が残存していれば、そこに記載された情報から様子を探ることができる。また、ファトワー集にも興味深い情報が含まれている場合がある。ファトワーとは法意見、法学裁定などと訳される語で、法学者のうちとくにムフティーと呼ばれる有資格者が、イスラーム法上の質問に対して答えるかたちで提示するものである。その代表的な質問と回答を集めた書物がファトワー集であり、実際に生じた問題に当時の法曹界ひいては社会がどのように対処していたかを知ることのできる興味深い史料群である。

イブン・ハジャル・ハイタミー[6]という十六世紀に活躍した法学者がまとめた『児童を教える教師に必要とされる心得、規範、助言にかんする言説の確定』（以下『言説の確定』）というファトワー集には、ある教師がマクタブで直面した問題について発した問いとそれに対する回答が記されている。ファトワー集の常として、固有名詞の部分は「何某」と書き

6 エジプト出身のシャーフィイー学派法学者（1504～67）。のちにマッカに移り住んだ。

換えられていて、このマクタブや質問した教師にかんする固有情報は乏しい。このファトワーは、ハイタミーがマッカに居を移したあと、一五五〇年に書面で受けた質問に答えたものである。したがって、当該マクタブもマッカにあったのではないかと考えたくなるが、彼の名声を考えると、エジプトなど遠隔地のマクタブ教師がマッカのハイタミーに質問を書き送った可能性も十分ある。

ファトワーの内容から、このマクタブが孤児を対象とした施設で、ワクフによって運営されていたことは確かである。この種のマクタブは、たんに読み書きを教えるだけでなく、衣食住や生活費をも孤児に提供していた。つまり、孤児のための養護施設（孤児院）に初等教育の機能が加わったような施設と考えればよい。マムルーク朝時代のエジプトやシリアの諸都市では、このようなマクタブがいくつも設立された。さきに紹介したカイロのスルターン・ハサン学院でも、受け入れていた孤児にクルアーン読誦を教えており、学習の成果があがれば、その孤児と教師双方の給付金を増加するという規定がワクフ文書にみられる。

『言説の確定』を詳しく紹介しているジャクソンの研究によると、質

▶マクタブの教師と生徒
二人の教師が論争し，生徒たちが聞き入っている。

問者は退職後にマクタブの教師となった元裁判官で、おそらくそれまでマクタブで教えた経験がない人物であった。法学の専門家であるはずの元裁判官が質問しているのは不可解に思えるかもしれないが、現職の裁判官でも判決の参考とするためにファトワーを求めることがあった。したがって、今までとまったく違う仕事についた元裁判官が、新しい仕事にかんしてファトワーを求めてもなんら不思議ではない。以下、ジャクソンの研究に拠りながら、彼の質問とハイタミーの回答を短く要約して紹介する。必要に応じて、回答のあとに補足説明をつけた。

ファトワー集にみるマクタブ教師の関心事

〔質問1〕　教師は、怠惰な生徒を監視して授業を受けさせるために、人を派遣すべきか。派遣すべきならば、その経費は教師の給与から出されるべきか、ワクフ財源から出されるべきか。

〔回答〕　教師は、生徒を出席させる義務は負わない。ただし、定員数の生徒が出席しない場合、その割合に応じて教師の給与は減額される。

〔説明〕　マクタブ教師の職務は定められた時間の授業をすることであり、生徒をマクタブへつれてくるという仕事は、彼の職務ではないとハイタミーは考えた。しかし、そうすると、極端な場合、生徒が一人もいない教室で規定の時間を過ごしただけの教師に給与を支払うことになる可能性がある。このような事態を避けるために、出席者数を教師の給与額に結びつけ、教師が生徒の出席を促すことへの動機づけをはかっているのである。

〔質問2〕 教師は、怠惰な生徒を監視して授業に出席させる仕事を、別の生徒に割り当ててもよいか。

〔回答〕 直接本人の勉学の益にならない用務については、父親の許可が必要である。また、父親の許可を得た場合でも、通常報酬が支払われる仕事を命じる場合は、生徒に対しても報酬を与えねばならない。

〔説明〕 イスラーム法では父親の親権が強いので、父親がいる孤児[7]については、父親の許可が必要になる事項が多い。しかし、父親の権限にも制限があり、たとえ父親が認めたとしても、生徒に相応の報酬を与えないで働かせることは違法となる。また、父を失った孤児には許可権を有する者がいないので、本人の益にならない雑用を課すことは、有給であっても認められないことになる。

〔質問3〕 教師は、怠惰な生徒の欠席をワクフ管理者に知らせるべきか。管理者がそういう生徒を除籍して他の生徒に入れ替える方針であると知っていても、教師は通知すべきか。

〔回答〕 生徒を除籍するか否かは、管理者の権限であり、生徒の出欠状況を管理者に知ら

7 イスラーム法では，片親だけの子も孤児としてあつかわれる。

せることは、教師の義務である。

〔説明〕　このマクタブが孤児院としての機能もはたしていることを考えれば、除籍はその孤児から生活手段を奪うことに等しい。したがって、教師としては、欠席がちであるからといって、ただちにその生徒の出席状況を管理者に報告してよいかどうか躊躇《ちゅうちょ》することになるのである。

〔質問４〕　怠惰な生徒、他人の持ち物を盗む生徒、同級生を叩いたり罵ったりする生徒に対して、体罰を加えることは許されるか。体罰は、学問的要求にこたえられない者に限定されるのか。体罰の度合いには、定められた限度があるのか。それとも教師の自由裁量によるのか。生徒の年齢は関係するのか。

〔回答〕　体罰には父親または後見人の許可が必要。学習上の問題以外の不当行為で罰する場合は、その行為がおこなわれたことを直接または信頼できる情報源から知った場合にかぎる。体罰は、必要以上に傷つけないよう配慮して規定の範囲内で与える。例えば、顔や喉、陰部など傷つきやすい部位を打ってはならない。複数回叩く場合は、一回ごとに痛みがおさまるよう、叩く間隔を十分あけるべきである。腋の下がみえるほど腕をあげて打ってはならず、皮膚を傷つけるような道具を用いてはならない。

成人については、通常は法廷のみが罰する権利を有するため、教師が罰することは違法である。ただし、精神的な障害などで後見人が必要な成人については、未成年に準じた扱いとなる。

〔説明〕　体罰の適用についてはかなり慎重であるが、全面的に否定するわけでなく、効用を認めたうえで行き過ぎを防ぐように細かな規定を定めている。また、体罰とは、怠けがちな生徒に勉強を促すために実施するものであるということが前提になっており、非行を罰するために体罰を用いてよいかどうかが議論の対象になっている。

〔質問5〕　教師は、よくできる生徒に、理解が遅れている生徒を教えるよう命じることはできるか。

〔回答〕　双方の生徒を益するので、原則として可能。ただし、授業代行のようにたんに教師の負担を軽減するためであれば許されない。教師が全生徒を教えたうえで、追加の課業として実施するのであればよい。

〔質問6〕　教師は、怠惰なために受給資格を失った生徒の給付金を、自分の給与をふやすことを含むいかなる目的にも流用する権限を有するか。管理者がこの権限を認めた場合、その権限にもとづいて行動することは合法か。

〔回答〕　ワクフの規定に従う。規定がない場合はワクフ設定時の現地の慣習にもとづいて判断する。とくに規定がなければ、返還された給付金は管理者がワクフの目的にそって用いることができる。管理者が適切であると判断すれば、教師に与えてもよい。
〔質問7〕 求めていないにもかかわらず生徒の家族から贈られたものを、教師は受け取ってもよいか。
〔回答〕 教育に対する感謝のしるしとしての贈り物は受け取ってよい。ただし、贈る側が世間体を気にして無理をするというような悪弊を招かないと確信できる場合にかぎる。
〔質問8〕 教師は、名簿にない生徒の出席を認め、彼らを教えることに対する代価を受け取ることはできるか。通常出席している生徒の数がワクフで定められている水準に達していない場合、教師は他の生徒を受け入れて生徒の数をふやし、給与とは別にその分の報酬を受け取ってもよいか。
〔回答〕 施設の目的と受益者の権利を損なわないかぎりにおいて、定員外の生徒を受け入れることは認められる。正規の生徒に対する教育を損なわないかぎりにおいて、定員外の生徒を教えることに対して教師が追加の給与を受けることは許される。

以上の質問内容が現実を反映しているとすれば、この教師は、怠惰な生徒、学力不足の生徒、同級生に暴力をふるったりその持ち物を奪ったりする問題児の存在に悩まされていたことになろう。そして、そういう問題のある生徒たちに、どこまでどのように対応するべきかに苦慮していた。また、その対応に要した労力や経費に見合う手当が与えられるのかということも気にかけている。正課の授業は教師の仕事の一部を占めるに過ぎず、生徒という未成年を相手にするという職業柄、教師の仕事は際限なく広がっていく傾向が強い。おそらくこの教師も、マクタブで生じるさまざまな問題への対処を迫られるなかで、いったいどこまでが自分に課された職務なのかという疑問をいだいていたにちがいない。

体罰や保護者からの付け届けにかんしても、今日と同様、どこまでなら許されるのだろうかということが問題となっている。当然のことではあるが、問題への対処にあたっては、ワクフ文書の規定とワクフ管理者の判断が重視されていた。教師はあくまでもワクフ管理者によって雇用され、その命令に服する存在であったことがわかる。

ファトワー集という史料の性格上、仮定の設問が含まれている可能性もある。また、ハイタミーの回答は法学上の議論を踏まえたものなので、建て前に過ぎない部分があるかもしれない。しかしながら、これらの問答がファトワー集に採録され参照されたということは、これらの問題が当時のマクタブ関係者たちの関心事であったことを示している。十六世紀の中東でマクタブ教師がかかえていた問題と二十一世紀の日本で小学校教員が直面している問題とのあいだには、意外と共通する点が多いのではないだろうか。

学問を活かす職業の是非

本章では、学者たちがついた職業の代表的なものとして裁判官と教師を取り上げて紹介してきた。この二つの職業は、学問の成果を活かして収入を得られるわけであるから、イスラーム学者たちが活躍する場としては理想的な職種にはいると考えられる。実際、裁判官やマドラサ教授の地位をめぐる争いはたえずみられた。しかしながら一方で、これらの職につくことに躊躇する学者がいたことも事実である。学者の職業にかんする章を終える前に、学問と職業を結びつけることに対する否定的な考え方にもふれておくことにする。

まず裁判官についてである。給与面でも社会的な地位という点からも、裁判官はイスラーム法学者が従事する仕事としては、理想的なものと思える。しかし、イスラーム法を学んだ学者たちすべてが積極的に裁判官をめざしたわけではない。むしろ史料には、任官を拒否して支配者から罰された法学者や、権力者から脅迫されて不本意ながら就任したという裁判官の話が散見する。

実際に事件を裁く立場に立つと、イスラーム法を厳密に適用しきれない場合がでてくるはずである。また、司法の独立が不完全であったため、政治権力から介入を受けることも十分考えられた。すなわち、裁判官になれば、学問から導かれる判断に反した判決をくださざるをえない可能性が十分あったのである。したがって、「神がくだしたものによって裁かない者どもこそ邪悪の徒である」というクルアーンの一節(五章四七節)は、一部の法学者たちに裁判官への就任を躊躇させたのであった。

それでは、教職についてはどうだろうか。政治的な判断を迫られることもあった裁判官に比べれば、教師はより純粋に学問の成果を活かせる職業であるように思える。自分の研究成果や学識を他人に教えて報酬を得られるのであるから、学者が従事するのにふさわしい職業の一つであると考えるのが普通であろう。しかし、中世のイスラーム学者にとって、ことはそう単純ではなかった。

教育活動に対して報酬を得ることは是か非か。今日このように問えば、たいてい肯定的な答えが返ってくるであろう。報酬を得るべきでないとなれば、教師は職業としては成立しなくなってしまう。しかしながら、教える内容が宗教と直接かかわるものである場合、それを教える行為は布教や伝道という性質をおびるので、その報酬の是非については意見が分かれることになる。イスラーム学者のあいだでは、とくにクルアーン読誦を教えることに対する報酬の是非がさかんに論じられた。またハディースについても、伝承にさいして金銭を要求する者に対する非難がみられた。

しかし、このような議論がなされるということ自体、実際にクルアーン読誦を教えることで収入を得る者や代金と引き替えにハディースを伝承する者がいたということを物語っている。実際、法学者たちのあいだにも、宗教にかんする仕事をむしろ望ましい職業であるとする意見も存在したのである。同一の法学派内でも意見が分かれる場合があり、統一的な見解を出すことが困難な問題であった。

また、学問によって社会的な地位や名誉を得ることについても批判的な考え方があった。スンナ派の大学者であるガザーリー[8]は、若くしてバグダードのニザーミーヤ学院の教授に就任したが、やがて自分の学問や栄達について深い懐疑に陥り、教授職を辞してスーフィーとしての道を選んだ。彼はその時の心境をつぎのように語っている。

> また私の仕事について考えてみても、その最も良い仕事が講義と教育であったが、私が関わっていたのは、来世の道には何の価値もない、無益なつまらぬ学問であることに気がついた。
>
> さらに教育に対する私の動機について反省してみると、それは至高なる神への専一なる帰依などではなく、高い地位や名声を求めたいという衝動であることがわかった。このような状態を改めようとしない限り、私はいまにも崩れ落ちそうな崖っぷちに立ち、地獄の劫火《ごうか》に落ちゆく危険にさらされているのだ、と確信するようになった。
>
> 〔ガザーリー『誤りから救うもの』（中村廣治郎訳）〕

信仰心以外の動機から学問を追究することや信仰以外の目的のために学業の成果を利用

8　ホラーサーン地方出身のスンナ派学者，思想家（1058～1111）。スーフィズム（タサウウフ）を正統信仰のなかに位置づけることに寄与した。

することは正しいか否か。皮肉なことに、学問が発達し学者の地位が向上すればするほど、この問題は顕在化していくことになる。現実には、多くの学者が学業の成果を活かして生活の糧を得ていたわけであるが、むしろそれゆえにこそ、この問題は意識され続けた。学問とは直接関係のない仕事に従事しながら学問を続けるという道を積極的に選んだ学者も少なからず存在したのである。

第4章　地域のなかの学者

ここまではおもにシリアとエジプトの事例を紹介しながら、時代や地域をあまり細かく限定せずに、中世アラブ地域のイスラーム学者に共通する問題点を述べてきた。そこで本章では、アレッポというシリアの一都市を取り上げ、その地域社会における学者の動向や彼らの役割を具体的にみることにしたい。なかでも、十世紀から十六世紀にかけて学者を輩出し、アレッポにおける名家の一つとして影響力を誇ったアブー・ジャラーダ家に焦点をあてることにする。

同家からでた学者カマール・アッディーン・ウマル（一一九二～一二六二）は、アレッポの地誌と伝記集から成る『アレッポ史の探究』という浩瀚《こうかん》な著作を著した。未完に終わったものの、そこにはアブー・ジャラーダ家のおもだった人びとの伝記が収録されている。また、地理事典の作者として有名なヤークート・ルーミー（一一七九頃～一二二九）は、『文人辞典』という文人の伝記集も著したが、そのなかに友人でもあったウマルの項目を立てた。その内容は、ウマルひとりの伝記にとどまらず、アレッポに移住してきた当時からウマルにいたるアブー・ジャラーダ家の歴史が、ウマルやその父などから取材して採録されている。以下では、おもに両書の記述に拠りながら、アブー・ジャラーダ家を中心にアレッポの学者名家の歴史をたどっていくことにする。

アブー・ジャラーダ家のアレッポ移住

北シリアの主要都市であるアレッポは、紀元前二十世紀に存在していたことが確認できる非常に古い歴史を誇る都市である。六三〇年代に正統カリフ政権がビザンツ帝国から奪い取ったが、八世紀半ばのウマイヤ朝末期までは、北シリアを管轄する総督の拠点はアレッポ南方約二五キロメートルに位置するキンナスリーンであった。八世紀半ば以降は、総督の管轄地としてアレッポがキンナスリーンと並んで言及されるようになり、十世紀初めにはアレッポ総督がおかれた。

十世紀以降キンナスリーンは史料にほとんどあらわれなくなるので、この頃を境に北シリアの政治中心はキンナスリーンからアレッポへ移ったと考えられる。そして、九四五年、北シリアを征服したハムダーン家のサイフ・アッダウラ[1]がアレッポを首都と定めた。こうしてアレッポは、北シリアの中心都市としての地位を確かなものとする。また、サイフ・

[1] 北イラクを本拠地とするハムダーン家の一員であったが，北シリアに進出し，事実上の独立政権を建てた（在位 945 ～ 967）。文芸の保護者としても有名である。

アッダウラは、自らが信奉する十二イマーム派の住民を他地域から移入させたと伝えられ、少なくとも十二世紀後半までは、アレッポは十二イマーム派の勢力が強い都市でもあった。アレッポにおける十二イマーム派の有力家系であったハッシャーブ家は、サイフ・アッダウラの治世にアレッポへ移住してきた。

アレッポが徐々に台頭しはじめていた九世紀前半、南イラクのバスラで商業に従事していたアブー・ジャラーダ家のムーサーはアレッポへ移住した。移住の理由は、商売のためであったとも、バスラで流行した疫病から逃れるためであったとも伝えられている。ムーサーの息子の一人であるハールーンとその息子のズハイル（十世紀半ば没）は、アレッポ近郊の土地を買い進め、村単位で農地を集積した。このような大規模な農地経営が、アブー・ジャラーダ家の重要な経済基盤になったと考えられる。

ズハイルは、農地の一部を、キリキア地方の中心都市タルスースにあった軍事施設に対するワクフ財源とした。ワクフ物件となった農地からあがる収益が、その軍事施設での軍馬の購入と飼育や戦士の給与のために用いられたのである。十世紀当時、ビザンツ帝国との国境に近いタルスースは、イスラーム側の軍事拠点として重要な役割をはたしており、そこへは各地からムスリムの義勇兵が集まってきていた。ビザンツ帝国に対する軍事活動は異教徒に対するジハード（聖戦）とみなされたため、それを支援することはワクフの目的となったのである。

このようにワクフへの積極的な関与はみられるものの、アレッポに到来したムーサーから孫のズハイルまでの三世代については、彼らが学者として活動したことを示す情報はみあたらない。商業で得た利益を土地に投資し、大土地経営によって豊かな経済基盤を確立したこの三世代は、アブー・ジャラーダ家が学者の名家となる礎を築いていった時期であったといえよう。

学者名家への道

アブー・ジャラーダ家のなかで学問にたずさわったことが確認できる最初の人物は、ズハイルの息子の一人であるアブド・アッサマド(九三〇頃〜一〇〇〇頃)である。彼の伝記には、わずかではあるが彼が教えを受けた師の名前が記されている。また、彼の名前を含むイスナードもみられるので、ハディースの伝承にかかわっていたことがわかる。

アブド・アッサマドの甥アフマド一世(九九一〜一〇五一)は、叔父からハディースの伝承を受けたほか、スィムナーニーというアレッポの裁判官からハナフィー学派法学を学び、のちに法学書を著すまでになった。スィムナーニーはまだ少年であったアフマドの才能に期待をかけ、彼を熱心に教育した。『文人辞典』には、その様子を伝えるつぎのような逸話がおさめられている。

　ある日スィムナーニーがアフマドに教えていると、彼のもとで証言をするために二人の公証人がやってきた。ところが、スィムナーニーは授業が終わるまで二人を待たせておいたので、公証人の二人は、自分たちが少年よりも後回しにされたことを不愉快に思った。アフマドの授業が終わったあと、二人の不満に気づいた裁判官は彼らに向かってつぎのようにいった。

「あなた方は、私がこの子にかかりきりになって、あなた方をおろそかにしたと不愉快に思っているようだな。しかし、神かけて、この子がこの調子でやっていけば、必ずやあなた方は彼の前で証言することになるであろう」。

はたしてアフマドは期待通りに法学を修得し、スィムナーニーは彼を自分の娘と結婚させた。やがてアフマドはアレッポの裁判官に就任し、例の二人の公証人は、アフマドの法廷で証言することになったのである。

　アフマドの裁判官就任は、一〇四〇年代半ばのことであったと思われる。彼ののち、短期間の中断をはさみながらも、十二世紀半ばまでの一世紀あまりのあいだ、アブー・ジャラーダ家とその姻族がアレッポの裁判官職を独占し、アフマド一世から五代にわたって裁判官を輩出した。また、この時期に

▲**アレッポ城**　11 世紀頃から支配者の居城として用いられるようになり，アイユーブ朝時代に現在のようなかたちに整備された。写真は，城門(右)および濠と城壁(左)。

は、金曜モスクにおける導師（イマーム）や説教師（ハティーブ）などもアブー・ジャラーダ家から出ることが多く、裁判官と兼任する者もいた。

かくして宗教関係の要職を独占するにいたったアブー・ジャラーダ家は、スンナ派を代表する学者の家系としてアレッポの名家の一つに数えられるようになった。これらの職は住民との接点も多いため、同家はアレッポ住民に対しても大きな影響力をもったと思われるが、それゆえに支配者からはその勢力を警戒される存在でもあった。住民の支持を確信できない支配者たちは、住民が離反しないよう住民のなかの有力者を人質にとることがあったが、アブー・ジャラーダ家の裁判官たちのなかにも、城にとどまることをしいられた者がいた。

一〇四八年、アフマド一世は、アレッポを支配していたミルダース朝[2]の君主によって、ほかの有力住民たちとともに城内にとどめおかれた。当時、アレッポ獲得を狙うファーティマ朝が遠征軍を差し向けており、ミルダース朝としてはアレッポ住民が自分たちを裏切ってファーティマ朝軍に街を明け渡してしまうことを恐れていたのである。結局、城内における抑留は二年間におよび、アフマドは一〇五〇年の末にようやく釈放された。長期の人質生活によって心労がかさなったためか、アフマドは釈放された翌年の前半に没した。

アフマド一世の息子で裁判官と金曜モスクの導師を兼任していたヒバト・アッラー一世

2 アラブ遊牧民のミルダース家がアレッポを征服して建てた王朝(1025～80年)。ファーティマ朝からたびたび干渉を受け，二度にわたってアレッポを奪われた。セルジューク朝のシリア進出にともなう混乱のなかで滅亡した。

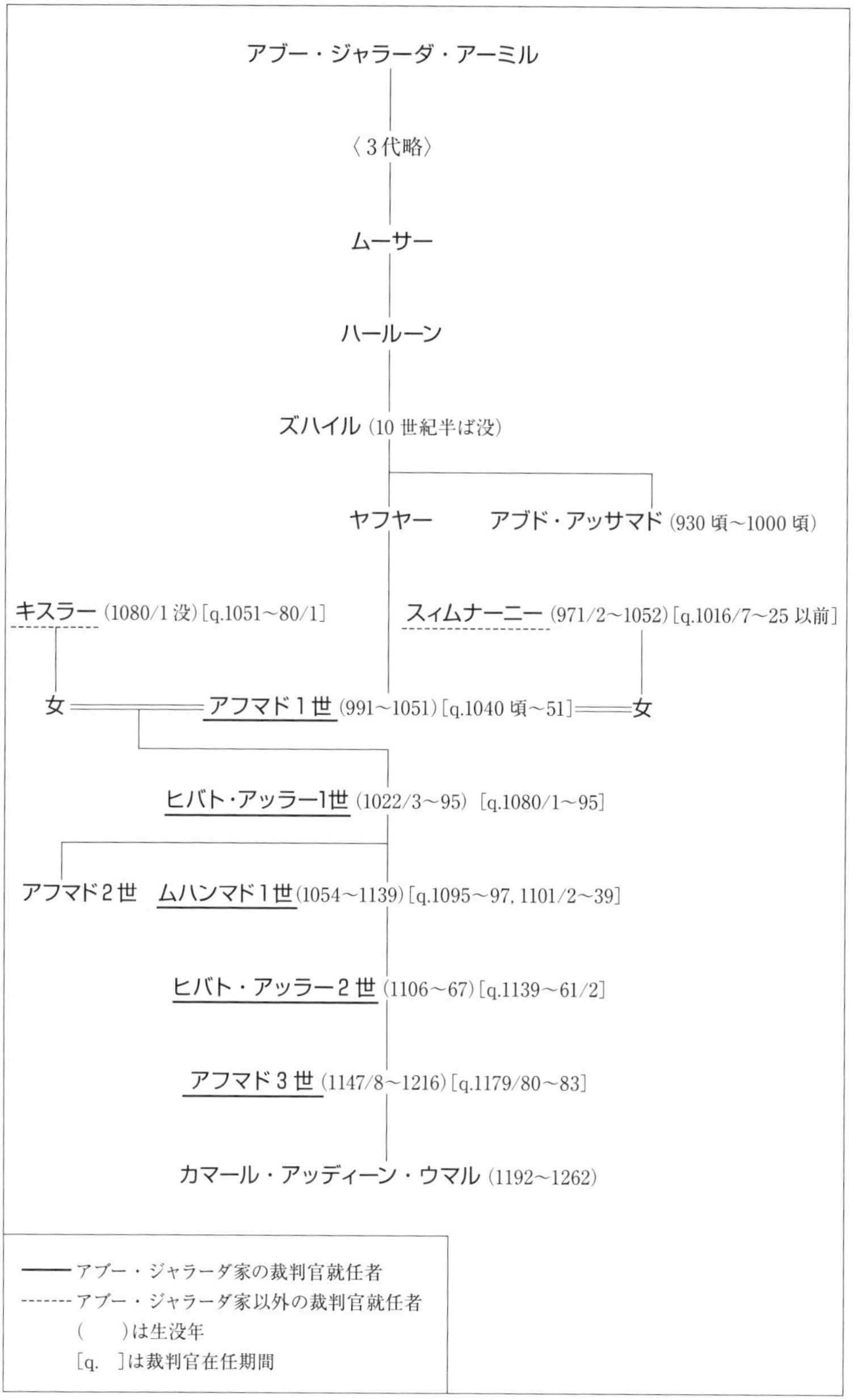
アブー・ジャラーダ・アーミル
〈3代略〉
ムーサー
ハールーン
ズハイル(10世紀半ば没)
ヤフヤー
アブド・アッサマド(930頃〜1000頃)
キスラー(1080/1没)[q.1051〜80/1]
スィムナーニー(971/2〜1052)[q.1016/7〜25以前]
女
アフマド1世(991〜1051)[q.1040頃〜51]
女
ヒバト・アッラー1世(1022/3〜95)[q.1080/1〜95]
アフマド2世
ムハンマド1世(1054〜1139)[q.1095〜97, 1101/2〜39]
ヒバト・アッラー2世(1106〜67)[q.1139〜61/2]
アフマド3世(1147/8〜1216)[q.1179/80〜83]
カマール・アッディーン・ウマル(1192〜1262)
アブー・ジャラーダ家の裁判官就任者
アブー・ジャラーダ家以外の裁判官就任者
( )は生没年
[q.]は裁判官在任期間

▲アブー・ジャラーダ家系図

(一〇二二/三~九五)もまた、晩年にアレッポの支配者から他国の君主との関係を疑われて城内に拘禁された。彼はしばらくのちに釈放されたが、自宅にもどる途中で体調の異変を訴え、自宅に運び込まれたものの、そのまま息を引き取った。史料には彼の死因については何も書かれていないが、いささか不自然な最期であった。

ヒバト・アッラー一世の没後、裁判官の職を継いだのは、息子のムハンマド一世(一〇五四~一一二九)である。彼は、市場監督官(ムフタスィブ)[3]と金曜モスクの説教師も兼任した。彼が裁判官に就任してから二年後の一〇九七年、当時アレッポを支配していたセルジューク朝(シリア)[4]の君主リドワーン[5]は、親ファーティマ朝政策の一環としてムハンマドを解任し別の人物を裁判官に任命した。当時、セルジューク朝の内訌が激しさをますなかで、西アジア各地に混乱が広がりつつあった。そこでリドワーンは、自国を確保するために、エジプトの大国であるファーティマ朝と結ぶことにしたのである。しかし、内外の反発にさらされたこともあって、やがてリドワーンの親ファーティマ朝政策は行き詰まり、一一〇一/二年、ムハンマド一世がアレッポの裁判官に再任された。

アブー・ジャラーダ家がアレッポの学者名家として台頭した十一世紀から十二世紀初頭にかけて、シリアは全域にわたって政情が不安定であり、アレッポの支配者も目まぐるしく交代した。そのためもあって、アレッポの支配者と住民の関係は緊張感をはらんだもの

3 都市の公正な経済活動の監督, 公序良俗や治安の維持を担当する役職。

4 セルジューク朝のスルターン＝マリク・シャーの兄弟トトゥシュは, シリアに地方政権を建てて自立した(1078年)。トトゥシュの没後, その遺領は二人の息子ドゥカークとリドワーンによって分割され, 前者がダマスカス, 後者がアレッポに拠った。

5 セルジューク朝(シリア)アレッポ政権の君主(在位1095～1113)。

であることが多く、アブー・ジャラーダ家もたびたび支配者から抑圧を受けたのである。しかしながら、短期間で交代する支配者たちにとって、名家としての地位を確立したアブー・ジャラーダ家以外から裁判官を任命することは難しかったと思われる。

アブー・ジャラーダ家の強みは、大土地所有にもとづく豊かな経済基盤に加えて、学者名家として住民から得ていた尊敬であったと考えられる。しかし、資産の豊かさや血筋の良さだけでは住民の支持は得られない。名家として住民から敬意をはらわれるためには、地域の利益を守るために率先して行動する必要がある。それがもっとも試されるのは、その地域が大きな試練に直面したときであろう。一〇九八年にシリアへ到来した十字軍は、すでに政情不安に悩まされていたアレッポの住民に対して、まさにその試練を与えたのであった。

十字軍の来襲とアレッポの危機

一〇九五年の教皇ウルバヌス二世による提唱によって始まった十字軍運動は、その後、何世紀にもわたって幾度となく繰り返され、中東をはじめ各地に大きな混乱と被害をもたらした。第一回十字軍は、一〇九八年に北シリアへ到来し、アンティオキアを征服したのち、パレスチナをめざして南下した。翌年には聖地エルサレムの征服に成功し、エルサレム王国が成立した。アレッポの周辺においては、エデッサ伯国とアンティオキア公国という二つの十字軍国家が建国された。これ以降、アレッポは異教徒が建てたこの両国と対峙しなくてはならなくなったのである。

このような危機にさいしても、スルターンをはじめセルジューク朝の有力者たちは、内部抗争に力を削がれて、有効な対策を講じられずにいた。一方、シリアのムスリム諸国の支配者のなかには、周辺の国々が対十字軍戦争を名目に軍隊を派遣して、実はその軍隊で自分たちの国を征服するのではないかと疑って、派遣軍への協力を拒む者もいた。

アレッポでは、一一一一年にアンティオキア公国の攻撃にさらされたリドワーンが、セルジューク朝のスルターンに救援を求めることなく、二万ディーナールにおよぶ貢納などを条件に休戦条約を締結した。この対応に反発した十二イマーム派の名家ハッシャーブ家の当主ファフル・アッディーン・ムハンマド(一一二五/六没)は、アレッポ住民の代表団を率いてバグダードに乗り込み、アッバース朝カリフやセルジューク朝スルターンに対してシリア遠征軍の派遣を求めた。この代表団のなかには、法学者やスーフィーも加わっていたという。学者も加わった住民代表団の嘆願によって、十字軍討伐軍がアレッポ方面へ派遣されたが、リドワーンは市壁の門を閉じて糧食の提供などの協力を拒んだ。そのため討伐軍はアレッポを攻撃しはじめ、住民はリドワーンを非難して市街は騒然となった。このようななか、軍内部の統率の乱れも手伝って、セルジューク朝スルターンが派遣した討伐軍はさしたる成果もあげないまま解散したのである。

このように、権力の維持をめざす支配者と地域の安全確保を求める住民の利害は、必ずしも一致しなかった。しかし、アレッポが支配者の拠点であるあいだはまだよかった。アレッポを防衛することが支配者にとっても自分の生命や財産を守るうえで重要だったからである。ところが、遠隔地に拠点をもつ王朝がアレッポを併合すると、当然のことながら、アレッポ防衛に対する支配者の熱意は低下することになる。

一一一三年にリドワーンが没したのち、彼の子孫が政権を引き継いだが、いずれも有能な人物ではなく、一一一八年、アルトゥク朝[6]によってアレッポを奪われた。アルトゥク朝はいくつもの分家に分かれており、そのうちアレッポを併合した家系の根拠地であるマルディンとマイヤーファーリキーンは、いずれもアレッポから直線距離で三〇〇キロメートル以上離れたアナトリア南東部にあった。アルトゥク朝の君主のなかには十字軍に対する聖戦に心血を注ぐ者もいたが、アレッポに駐留軍をおいて、自身は遠く離れたアナトリア方面で活動する君主が多かった。

一一二四年にアレッポの支配を引き継いだティムルタシュも、小規模の駐留部隊を残してマルディンへと去っていった。防備が手薄となったアレッポは、エルサレム王ボードワ

6 12世紀から15世紀初頭にかけてアナトリア南東部各地を支配したトルコ系王朝。

ン二世（在位一一一八～三一）率いる十字軍諸国の連合軍による包囲攻撃の前に長期の籠城戦をしいられた。支配者にみすてられたアレッポ住民たちは武器をとって戦ったが、日増しに状況は悪化していった。食糧が欠乏し、人びとは死体を食べた。病気が蔓延《まんえん》したが、病人でさえ十字軍兵士との戦いに参加したという。このままでは陥落をまぬがれえないと判断した住民たちのなかからは、十字軍に街を明け渡して亡命しようという意見もあらわれた。しかし、支配者不在のアレッポで事実上の指導者であったハッシャーブ家のファフル・アッディーンは、その意見を抑え、ティムルタシュへの援軍要請に最後の望みを託すことにしたのである。

アレッポを救った裁判官

ボードワン二世による包囲が続いていた当時、アレッポの裁判官を務めていたのはアブー・ジャラーダ家のムハンマド一世であった。ファフル・アッディーンら指導的な立場の住民たちは、裁判官のムハンマドをシャリーフ[7]のズフラらとともに、この重要な任務を担う使節として派遣することにした。ムハンマドの曾孫であるカマール・アッディーンは、父たちから伝え聞いたムハンマド一世の体験談を『アレッポ史の探究』のなかに詳しく書きとどめている。その記述によって、使節団派遣後の経緯を少し詳しくみてみよう。

7　預言者ムハンマドの子孫であることを示す称号。サイイドともいう。

一一二四年の秋が深まる頃、住民たちは、ムハンマド一行を夜陰にまぎれてアレッポの街から送り出した。翌朝、この動きを十字軍側に気づかれてしまい、一時は使節団がとらえられてしまうのではないかと危惧《きぐ》された。しかし、しばらくして、十字軍の追っ手がこられない安全な場所まで到達したという知らせが使節団から届き、人びとはひとまず安心したのであった。しかしながら、使節一行の苦労はさらに続いた。危険を冒して遠路はるばるマルディンを訪れた使節団の嘆願にもかかわらず、ティムルタシュは言を左右して援軍派遣をなかなか実行に移さなかったからである。

ティムルタシュの煮え切らない態度にいらだっていたムハンマドのもとに、息子のヒバト・アッラー二世(一一〇六~六七)からアレッポの窮状を訴える書簡が届いた。そこには、アレッポの住民が犬猫や死体を食する状況に追い込まれていることが記されていた。ムハンマドはその手紙をティムルタシュに手渡して、怒りも露わに彼を厳しく非難した。

これをみたティムルタシュは、使節団が自分を見限って他の人物に支援を求めることを危惧し、彼らを軟禁状態においた。そこで、ムハンマドらは部屋の扉に油を差して開閉時に音がしないよう工夫し、夜のあいだにひそかに脱出する手はずを整えた。夜になって監視役の者たちが眠ると、一行は計画を実行に移したが、ムハンマドのロバをつないであった留め具だけがはずせず、同行者たちは彼と付き人を残して出発せざるをえなかった。夜明け前になってようやく留め具を壊すことに成功し、ムハンマドはからくも脱出することができた。季節はすでに冬で、道案内もないまま雪が積もった不慣れな土地を進まなくてはならなかった。さいわいなことに、夜が明ける頃になって、先発した一行と遭遇し、一緒に朝の礼拝をおこなうことができたのである。

使節団は、マルディンから南東に約二五〇キロメートル離れた北イラクのモスルへ向かった。モスルの支配者アクスンクル・ブルスキーは病に伏せっていたが、一行が到着すると病床で面会した。アレッポ使節団の訴えを聞いたブルスキーは、病気がなおったならばアレッポを救うと神に誓った。すると、三日もしないうちに熱がさがり、彼は健康を回復した。ブルスキーは約束通り、軍隊を率いてアレッポへ向かった。一一二五年の初めにブルスキー軍が到来すると、アレッポの住民がそこに合流し、十字軍に立ち向かった。そして、ついに十字軍は敗走し、アレッポは窮地を脱したのであった。

ここに紹介した伝承は、使節団の苦労を際立たせるために潤色されている可能性もあるが、彼らが困難な任務をはたしたおかげでアレッポが救われたことは間違いない。このように危険を冒してでも故郷のために行動するムハンマドのような人物を輩出したからこそ、アブー・ジャラーダ家はアレッポの名家として住民から尊敬を集めることができたのである。

宗派問題の激化

ブルスキーとその息子があいついで没したため、アレッポはふたたび不安定な状況におかれたが、両者のあとにモスルを支配していたイマード・アッディーン・ザンギー[8]が一一二七年末に軍隊を派遣して事態を収拾した。彼が建てたザンギー朝もアレッポから遠く離れたモスルを首都としていたが、ザンギーは対十字軍戦争に熱心に取り組み、アレッポにも十分な兵力を駐屯させた。こうして、ザンギー朝のもとで十字軍の脅威はひとまず遠のいたが、新たな問題が浮上してきた。それは、宗派対立である。

本章の冒頭で述べたとおり、十世紀以来、アレッポは十二イマーム派が多数を占めるシーア派の街であった。しかし、スンナ派住民との対立が表面化することはほとんどなかった。少なくとも十二世紀初頭以前には、宗派対立が原因でアレッポが騒乱状態に陥ったという記録はない。

アブー・ジャラーダ家は、アフマド一世以来、スンナ派法学の一つであるハナフィー学派を奉じてきたが、同家の裁判官たちは、十二イマーム派の見解にそって判決をくだしていたといわれている。十二イマーム派が採用する法学とハナフィー学派のあいだには共通点が多いとされており、実際の司法業務には大きな支障はなかったのであろう。そもそも

8 ザンギー朝の創始者(在位1127 ~ 46)。

アブー・ジャラーダ家が家学としてハナフィー学派を選んだ背景には、十二イマーム派が多数を占めるアレッポの事情があったのかもしれない。

アレッポには、やはり法学者や裁判官を輩出した十二イマーム派のハッシャーブ家という有力家系が存在したが、少なくとも現存する史料をみるかぎり、同家とアブー・ジャラーダ家が宗派の違いや政治的な原因で対立したという記述はみられない。むしろアレッポの安寧を維持するために両家が協力していたという記録が残っている。

前項で紹介した援軍要請使節団についても、ハッシャーブ家の当主が中心となって派遣を決定し、アブー・ジャラーダ家のムハンマドが使節として赴いたのである。この時期の史料には、両家にかぎらずアレッポのシーア派とスンナ派の住民が協力して内外の困難に対処したという記事が散見する。当時のアレッポ住民の大多数は、宗派の別よりもアレッポ人としてのまとまりを優先していたといえよう。しかし、その一方で、宗派対立を促す動きも進行していた。スンナ派のためのマドラサ設立がアレッポにもおよんできたのである。

一一二〇年代の初めに、アレッポ最初のマドラサであるザッジャージーヤ学院が設立された。シャラフ・アッディーン・アブド・アッラフマーン・アジャミー（一〇八七／八～一一六六）という学者が、当時アレッポを支配していたアルトゥク朝の支配者に働きかけて設立させたもので、自らが管理者と教授の職についた。まさに自分のためにマドラサを建てさせたのである。ザッジャージーヤ学院はスンナ派法学の一つであるシャーフィイー学派のための施設だったので、シーア派住民はその設立に反対し、建設を妨害した。激しい妨害活動のため、マドラサの建物はザンギーの治世になるまで完成しなかった。

ザンギーはザッジャージーヤ学院に父親の墓廟を付設し、その維持のためにワクフを設定した。このように、ザンギーは既存のマドラサに対して支援をおこなっただけであったが、彼の没後にアレッポを支配した息子ヌール・アッディーン・マフムード[9]は、より積極的にスンナ派優遇策を推進した。即位当初はシーア派の活動を許容していたヌール・アッディーンであるが、二年後の一一四八年にシーア派抑圧へと舵を切った。モスクのミナレット(光塔)で礼拝を呼びかけるアザーンからシーア派特有の文言を削除させ、シーア派の指導者たちを一族とともに追放したのである。またこのアザーン変更と前後して、ヌール・アッディーンや彼の有力家臣たちがつぎつぎにマドラサを設立しはじめた。

シーア派王朝であるファーティマ朝の討伐をめざすヌール・アッディーンにとって、親スンナ派・反シーア派の立場を明確にするこれらの政策は必須であった。しかし、ザンギー朝による一連の宗教政策は、アレッポ社会に混乱をもたらした。一一五七/八年にヌール・アッディーンが重い病気にかかると、シーア派住民が反乱を起こしてアザーンをシー

9 ザンギー朝シリア政権の君主(在位 1146 〜 74)。イマード・アッディーン・ザンギーが没すると，ザンギー朝の領土は分割され，アレッポを中心とするシリア領は次男のマフムードが手にいれた。

ア派式にもどした。ヌール・アッディーンの病状が回復するとこの反乱は鎮圧されたが、一一七四年に彼が没すると、一部のスンナ派とシーア派のあいだで騒乱が生じた。この騒乱をおさめる過程で、ハッシャーブ家の当主が殺害され、シーア派の勢力は大きく削がれることになったのである。

アブー・ジャラーダ家に対する抑圧

このようにザンギー朝は親スンナ派政策を推進したが、その経緯と結果を検討すると、それがたんなる宗派政策ではないことがわかる。ザンギー朝時代に設立されたマドラサの教授に就任した学者の経歴を調べると、その多くがザンギー朝時代以降にアレッポ外から招聘《しょうへい》された人物であることがわかる。ザッジャージーヤ学院を建てさせ自ら教授に就任したシャラフ・アッディーンはアレッポ出身であるが、彼が属したアジャミー家は、十一世紀半ばにアレッポに到来した比較的新参の家系であった。その後、アジャミー家からはマドラサ教授だけでなく、宰相をはじめとするザンギー朝国家の要職につく人物もあらわれた。

一方、ザンギー朝時代には、アブー・ジャラーダ家出身でマドラサ教師になる者はまったくいなかった。アブー・ジャラーダ家の学者たちがマドラサに関心を示さなかっただけなのかもしれないが、アレッポで裁判官を輩出してきた一族から法学の教師がまったくでないというのはやはり不自然である。同家がはじめてマドラサ教師を送り出したのは、支配王朝がアイユーブ朝にかわってから三〇年以上もたった十三世紀初めのことであった。

アブー・ジャラーダ家の憂き目は、マドラサへの進出が遅れただけではすまなかった。同家が一世紀以上にわたって継承してきたアレッポの裁判官職を、ザンギー朝によって奪われたのである。一一五四年にダマスカスを征服したヌール・アッディーンは、その地へ首都を移すとともに、司法制度をダマスカスの大カーディーを頂点とする中央集権的なかたちに再編した。その一環として、一一六一／二年、アブー・ジャラーダ家のヒバト・アッラー二世は裁判官の職を解かれ、後任にはダマスカスの大カーディーの息子が任命された。ダマスカスの裁判官をはじめ、ヌール・アッディーン治下のザンギー朝で何人もの裁判官を輩出したのは、創始期からザンギー朝と関係の深いシャフラズーリー家である。同家もまた、イラク方面からザンギー朝とともに到来した新参の学者家系であった。

つまり、ザンギー朝は、王朝との関わりが深いスンナ派の学者を厚遇し、アレッポの学者名家は宗派にかかわらず抑圧したのである。豊かな経済基盤をもつうえに住民の尊敬を受ける学者名家は、学問の性質上、宗教的な権威もおびているだけに、政治権力者にとってはあなどれない存在であった。他方、アレッポにおける人脈や経済基盤に乏しい学者や新興の家系などは、官職やマドラサの職につくことによって経済基盤と社会的な地位を獲得しえた。権力者に依存せざるをえない新参の学者たちは、当然、権力者に対して従順になることが期待できる。強力な領域国家の建設をめざしていたザンギー朝にとって、アブー・ジャラーダ家のような地域に根を張る有力家系は、スンナ派であっても勢力を抑えておく必要があったのである。

十二世紀初めに目まぐるしく交代した支配者たちに比べれば、長期安定政権を実現し十字軍勢力に反転攻勢をかけたザンギー朝は、アレッポに一定の平和をもたらしたと評価できる。また、ザンギー朝の支配者たちのなかでも、ヌール・アッディーンは、マドラサなど宗教施設をシリア各地に数多く設立し、スンナ派イスラームの振興に寄与した君主としてとくに高く評価されている。しかしながら、そこには冷徹な為政者の計算があったことも事実なのである。アブー・ジャラーダ家やハッシャーブ家といった旧来の名家からすれば、平和の代償は小さくなかったということになろう。

カマール・アッディーン・ウマル

一一七四年、ヌール・アッディーンが没し、幼い息子イスマーイールがダマスカスで即位した。すでにエジプトでアイユーブ朝を興していたサラーフ・アッディーン[10]は、この機

[10] アイユーブ朝の初代君主(在位 1169 ～ 93)。ヌール・アッディーンに軍人として仕え，叔父とともにファーティマ朝討伐に派遣された。カイロを征服すると，ザンギー朝から独立し新王朝を開いた。

会をとらえてザンギー朝の領土を蚕食していった。その結果、アレッポとその周辺のみを支配する地方政権に成り下がったザンギー朝は、裁判官の職をふたたびアブー・ジャラーダ家に与えた。一一七九／八〇年、アフマド三世（一一四七／八〜一二一六）がアレッポの裁判官に任命されたのである。しかし、四年後にアイユーブ朝がザンギー朝シリア政権を滅ぼしてアレッポを併合すると、アフマドも裁判官の職を解かれた。アイユーブ朝はスンナ派法学派のなかでもシャーフィイー学派をとくに優遇し、国内の裁判官を同派に限定したからである。

政権の交代に翻弄されたアフマド三世は、息子のウマルが裁判官ではなくマドラサ教授になることを望んだ。そのウマルは、父の期待にこたえてアブー・ジャラーダ家初のマドラサ教授となっただけでなく、同家の勢力をふたたび拡大することにも成功する。しかし、それは先祖たちとはかなり違うかたちで実現された。以下、ウマルの人生をたどりながら、その経緯をみていくことにしよう。

彼が非凡な人物であったことを強調するヤークートは、その出生にまつわるつぎのような逸話を『文人辞典』のウマルの伝記に記している。

アフマド三世にはなかなか男の子が授からず、ようやく生まれた長男は容姿端麗で聡明であったが、わずか五歳でなくなってしまった。アフマドは飲食ができぬほどふさぎこんでしまい、もう一度息子をみたいと思うあまりその墓を掘り返そうとしたほどであった。

ところがしばらくののち、アフマドの夢にその子があらわれ、「お父さん。お母さんに知らせてください。私は、お二人のもとへ行こうと思います」と語りかけたのである。驚いて目を覚ましたアフマドは、妻にこのことを話した。二人は泣いて、神の慈悲があるよう祈願し、自分たちが神に帰すべき存在であるという言葉を唱えた。また別の夜、アフマドは、自分の男根から光がでて、やがてその光が一族の家々や街区全体をみおろす高さにまでのぼり、さらに上昇していくという夢をみた。この夢を解釈してもらったところ、やがて男児が授かり、その子は長じて、有能で偉大な人物となり、夢にあらわれた光のごとく、その名声は人びとのあいだに広まるであろうと教えられた。アフマドはすでに四十歳をこえており新たな子をあきらめていたが、これらの夢によって自信を取り戻し、神に懇願と祈願と感謝を捧げた。それからまもなく妻は子を宿し、ウマルが生まれたのであった。

一一九二年にアレッポで生まれたウマルは、たしかに聡明な子であった。ヒジュラ暦年で七歳になるとマクタブに通った。本人の述懐によると、教師はウマルを正面に座らせ、まるで幼児に教えるかのように、一本の線を引いてそれにそってスィーン[11]の文字を三つ書

11 アラビア文字の一つ。sの音をあらわす。

いてみせたという。そこでウマルは筆をとって，教師が書いた手本そっくりに書いた。そこで，教師はほかにもいろいろな語句の手本を書いたが，いずれもウマルは教師と同じくらい上手に書いたので，教師はすっかり驚いてしまったということである。彼は書道に関心をもち，のちに書道にかんする書物も著している。また，九歳でクルアーンを学び終えたウマルは，十歳のときには正統十学派の方法でクルアーンを読誦するまでになった。

ウマルは，父を含むアレッポ在住の学者およびアレッポを訪れた学者から法学やハディースを学び，父の指導で何冊かの法学書を暗誦した。また彼は，父につれられてエルサレムとダマスカスへ二度にわたって赴き，それらの地でも教えを受けた。若き日々のウマルが遊学したという記録はこの二度だけであり，決して多いとはいえない。しかしウマルは，多くのマドラサが設立されていたアレッポにいたおかげで，各地から到来する優れた学者たちから学ぶことができたのである。

ウマルが成年に達すると，アフマドは彼のために縁談を調えたが，婚資[12]をおさめたあとになって破談になった。その後ウマルは，シャーフィイー学派の有力な家系であるアジャミー家の女性と結婚した。息子が結婚するとつぎに親が望むのは内孫である。父アフマドはウマルに「お前の息子が歩くところをみたい」といっていた。しかしその願いは，悲しいかたちでかなえられた。やがてウマルに男児が生まれたが，その子は重い病気にかかっ

[12] イスラーム法では，結婚にさいして，新郎側が新婦に婚資を贈ることになっている。

てしまった。そして、その子はなんとか祖父に歩く姿をみせたものの、その同じ日になくなってしまったのである。このように長男は夭逝したが、そののちウマルは少なくとも三人の息子に恵まれた。

マドラサ教師と外交使節

さきに述べたとおり、アフマド三世はウマルがマドラサ教授になることを望んでいたが、それは彼の生前には実現しなかった。父アフマドが没してから一年後の一二一七／八年、ウマルは弱冠二十五、六歳で、市壁内にあるシャーズバフティーヤ学院の教授に就任した。そして一二三六年には、父アフマドがとくに希望していたハッラーウィーヤ学院の教授職を手にいれた。同学院はヌール・アッディーンの設立によるもので、アレッポではもっとも歴史が古く格が高いハナフィー学派マドラサの一つであった。ウマルは引き続きシャーズバフティーヤ学院の教授職にもあったが、息子のマジュド・アッディーン・アブド・アッラフマーン（一二七八／九没）が両マドラサで代理教授を務めた。

ウマルはマドラサに教授職を得た頃から著作活動も始めていた。彼の著作には散逸してしまったものも多いが、未完に終わったライフワーク『アレッポ史の探究』

▶旧ハッラーウィーヤ学院モスク　1148/9年，ザンギー朝のヌール・アッディーンがアレッポに設立したハナフィー学派のマドラサ。ウマイヤ・モスクの西に位置する。

の一部とその要約版である『アレッポ史の精髄』は今日に伝わり、アレッポ史の重要な史料となっている。

ウマルの教授就任以降、アブー・ジャラーダ家のマドラサへの進出は急速に進み、一二六〇年にシリアのアイユーブ朝が滅亡するまでの半世紀足らずのあいだに、兼任も含めて六人の人物が延べ一一の教職(うち二件は代理教授)についた。ウマル本人を除く五人のうち三人がウマルの息子で、残りの二人は叔父の孫である。また一二六〇年の段階で、アレッポにはハナフィー学派のマドラサは二二校あったが、そのうちの五校の教授がアブー・ジャラーダ家の人物であった。最初のマドラサがアレッポに設立されてから一世紀ものあいだ教授を輩出しなかったアブー・ジャラーダ家であったが、十三世紀には一転して教授の家柄となったのである。

この時期にアブー・ジャラーダ家に匹敵するマドラサ教授を輩出した家系は、アジャミー家だけである。一二六〇年には、アレッポにあったシャーフィイー学派のマドラサ二一校のうち六校の教授職がアジャミー家出身者によって占められていた。もちろん、両家ともそれぞれの法学派のマドラサを独占したというほどではない。十三世紀のアレッポでは、新旧両名家によるマドラサ教授職の集積が進行したものの、アレッポ外から招聘される教授も相当数いたのである。

ウマルの活躍が顕著にみられたもう一つの分野は外交使節である。もっとも早い例は、マッカ巡礼の帰途、一二二七年初めにダマスカスに立ち寄ったときのことである。当時、アイユーブ家のアシュラフ・ムーサーは、兄弟でダマスカスの支配者であるムアッザム・イーサー(在位一二一八～二七)のもとで軟禁状態におかれていた。ウマルは、このアシュラフからアレッポ政権へ宛てた書簡を運ぶ役割をはたしている。以後、アイユーブ朝時代の末にいたる三〇年あまりのあいだに、少なくとも二三回にわたってアレッポ政権の使節として各地に赴いている。おもな目的地と派遣回数は、アイユーブ朝の中心であるカイロの六回を筆頭に、ダマスカスへ四回、アッバース朝カリフのいるバグダードへ三回と続き、ルーム・セルジューク朝[13]の主要都市カイセリとザンギー朝ジャズィーラ政権の首都モスルがそれぞれ二回となっている。

一二五〇年、アレッポの君主ナースィル(在位一二三六～六〇)がダマスカスに進出すると、ウマルは彼のそば近くで仕えるために、二つのマドラサ教授職を二人の息子に譲ってダマスカスへ赴いた。ただし、政権におけるウマルの公式の肩書きや職名は伝わっておらず、彼の立場については不明な点が残る。その学識を見込まれ、私的な相談相手として君主に仕えていたのかもしれない。いずれにせよ、政治権力とは一定の距離をおいていた父祖たちとは異なり、ウマルはアイユーブ朝政権とかなり密接な関係を築いていたといえよ

[13] ルーム(アナトリア)に派遣されたセルジューク家のスライマーンが建てた王朝(1075～1308年)。13世紀前半に全盛期をむかえたが，その後モンゴル軍の侵入を受けて衰えた。

う。

ウマルが生まれた十二世紀末には、アブー・ジャラーダ家はすっかり沈滞した状況に陥っていた。長年継承してきた裁判官の職は奪われ、マドラサへの進出もみられず、他地域から到来した学者たちが権力者の支援を受けて活躍の場を広げていったのとは対照的であった。

この逆境から同家を救い出したのがウマルであった。彼は新しい政治状況を受け入れ、政治権力に接近することによって同家の勢力を挽回した。またウマルはマドラサにも積極的に関与し、その分野でも同家の存在感を高めることに成功したのである。

アブー・ジャラーダ家のその後

一二六〇年、フラグ[14]率いるモンゴル軍がシリアに侵入した。ナースィルがモンゴルの手で処刑され、シリアのアイユーブ朝国家は崩壊した。アレッポはモンゴル軍によって激しい略奪と破壊を受け、学者を含む多数の一般住民が犠牲になった。また、モスクやマドラサといった宗教関連施設も大きな損害をこうむった。モンゴル軍の残虐きわまりない行為は、アレッポ住民を恐怖におとしいれ、永く語り継がれることになった。

アブー・ジャラーダ家の人びとのなかにも、モンゴル来襲時に命を落とした者が何人か

14 イル・ハーン朝初代君主(在位1260頃～65)。チンギス・ハーンの孫。

いるが、モンゴル軍の来襲をダマスカスで知ったウマルは、カイロへと逃れて無事であった。そして、アイン・ジャールートの戦い[15]に敗れたモンゴル軍が撤退したのち、ウマルはアレッポへ帰ってきた。しかし、変わりはてた故郷の姿をみたウマルは、ふたたびカイロへと去り二度とアレッポへはもどらなかった。一二六二年、ウマルはカイロで息を引き取った。ただし、ウマルが去ったあとも、彼の息子をはじめアブー・ジャラーダ家の人びとの多くは最終的にはアレッポに残ったようである。

モンゴル軍撤退後にシリアを併合したマムルーク朝[16]は、アイユーブ朝の方針を継承してシャーフィイー学派をもっとも尊重したが、他の三法学派を排除はしなかった。そして、カイロをはじめ規模の大きな都市には、シャーフィイー学派以外の裁判官も任命していった。アレッポにもハナフィー学派の裁判官がおかれ、一三一〇／一年にはアブー・ジャラーダ家の人物が任命された。しかし、かつてのように同家が裁判官の職を独占するような状況ではなかった。他方、少なくとも二人のアブー・ジャラーダ家出身者が、カイロにおけるハナフィー学派の大カーディーに就任している。しかしながら、以前にもまして政権による統制が強化されたマムルーク朝時代にあっては、裁判官も政治権力者の意向によって頻繁に交代させられ、その地位は不安定なものであった。その点は、首都の大カーディーといえども同じであった。

[15] 1260 年，パレスチナのアイン・ジャールートでマムルーク朝軍がモンゴル軍を破った戦い。その結果モンゴル軍はシリアから撤退し，マムルーク朝がシリア各地を併合することになった。

[16] エジプトのアイユーブ朝に仕えていたマムルーク軍団がクーデタによって権力を奪取しカイロに樹立した王朝(1250 ～ 1517 年)。旧アイユーブ朝領の大部分を継承し，沿岸部の十字軍国家を一掃した。

マドラサ教授の職についてみると、マムルーク朝時代にはいっても、アブー・ジャラーダ家はアレッポにおいて複数のマドラサに教授職を保持していた。しかし十五世紀になると、それらの職は別のハナフィー学派の家系に奪われていった。アブー・ジャラーダ家の動向はマムルーク朝時代をとおしてある程度確認できるものの、かつてのような勢いはすでに失われていたようである。そして、十六世紀初頭に生存したことがわかる人物を最後に、アブー・ジャラーダ家の活動を示す記録は途絶えてしまう。

アレッポ旧市街の南東部に位置するナイラブ門跡から東に少し歩くと、みるからに古い石造りのモスクがある。中庭をかこむ二階建ての建物には小部屋が並んでいて、このモスクがもとはマドラサであったことがわかる。銘板にはトゥルンターイーヤ学院とある。マムルーク朝時代に活動した軍人が設立したものらしい。しかし、このマドラサは、もともとアブー・ジャラーダ家のウマルが建てたものだという説がある。ウマルが自分の名を冠したマドラサを設立したものの、モンゴル軍来襲の混乱によって開校しないまま終わってしまったという記述が史料にみられるからである。その建物が、マムルーク朝時代に別人が設立したマドラサの建物として利用さ

▲旧トゥルンターイーヤ学院モスク　建築様式から，アイユーブ朝時代に建設されたマドラサと考えられている。かつて学生たちが寄宿した小部屋の扉がアーチの奥にみえる。

れることになった経緯は不明だが、もしこの説が正しければ、このモスクは、アブー・ジャラーダ家の活動の記憶を今に伝える貴重な建物ということになる。

アレッポの金曜モスク（ウマイヤ・モスク）とキンナスリーン門のなかほどに、リーハーウィー・マスジドという小さなモスクがある。そのあたりは、かつてハッシャーブ家の邸宅と墓所があった場所で、この墓所は荒廃しながらも、少なくとも十九世紀末までは存在していた。そこに遺されていた碑文には、一二三五／六年にハッシャーブ家の一員がこの墓所を改修したことが記されている。しかし、それからしばらくあとの十三世紀後半を最後に、ハッシャーブ家の人びとは史料から姿を消してしまう。

シャーフィイー学派の有力家系となったアジャミー家は、オスマン朝時代にも引き続き一定の勢力を維持した。同家の人物が建てたマドラサが二つあり、いずれもアイユーブ朝時代に設立されたものである。双方ともモスクとして旧市街内に現存しているが、いずれも設立当時の建物がどれだけ残っているかは不明である。そのうちの一つである

▶**旧シャラフィーヤ学院モスク**
1221年頃，アジャミー家のシャラフ・アッディーン・アブド・アッラフマーン３世が設立したマドラサ。アレッポのウマイヤ・モスクの北東に位置する。

シャラフィーヤ学院は、設立当時から豊富な蔵書で知られ、二十世紀までは図書館としても機能していた。

世界歴史遺産に指定されたアレッポの街には、右に紹介した以外にも、中世に設立されたマドラサやモスクの建物が数多く残っている。増改築をへてすっかり外見が変わってしまったものもあるが、設立当初の姿をとどめている施設もかなりある。今もモスクなどとして用いられているそれらの施設を訪れると、かつて中世のイスラーム学者や学生たちが集った中庭や礼拝室で、クルアーンを小声で読誦する人や宗教関係の書物を読みふけっている人をしばしばみかける。こういった人たちは、大学教授など研究者たちとは別の意味で、中世のイスラーム学者たちの伝統を引き継いでいるといえよう。

中世のイスラーム学者たちについて、四章にわたって述べてきた。最後までお付き合いくださった皆さんは、どのような感想をもたれたであろうか。ずいぶんと変わった考え方をするものだとか、なぜそんなことにこだわるのだろうかと不思議に思われる点がいくつもあったに違いない。読者の大半にとって、中世のイスラームとは、いろいろな意味で縁遠い存在であろう。したがって、自分たちとの違いが目についても不思議ではない。

しかし、本書のなかには、なるほどと同感できる話もあったのではないだろうか。まったく異なる文化や歴史を背負っていても、どれほど時代が離れていても、どこかに共感しあえる点を見出せるというのが人間のおもしろいところだと思う。異文化の理解とは、自分たちと異なる考え方や行動様式を理解するだけに終わることではなく、異文化のなかに自分たちとの共通点や共有できるものをみつけることでもあるのだ。

参考文献

阿久津正幸「ザンギー朝アレッポのマドラサ建設――中世イスラームにおける教育施設の社会史に向けて」『イスラム世界』五三号、一九九九年
医王秀行「カリフ・マームーンのミフナとハディースの徒」『イスラム世界』三九・四〇号、一九九三年
池田修「イスラム世界の教育」板垣雄三編『イスラム・価値と象徴』(講座イスラム4) 筑摩書房、一九八六年
井筒俊彦訳『コーラン』(改版) 全三冊、岩波書店、一九六四年(初版一九五七・五八年)
伊藤隆郎「十四世紀末～十六世紀初頭エジプトの大カーディーとその有力家系」『史林』七九巻三号、一九九六年
イブン・ジュバイル(藤本勝次・池田修監訳)『イブン・ジュバイルの旅行記』講談社、二〇〇九年(初版一九九二年)
イブン・バットゥータ(イブン・ジュザイイ編、家島彦一訳)『大旅行記』全八巻、平凡社、一九九六～二〇〇二年
イブン・ハルドゥーン(森本公誠訳)『歴史序説』全四冊、岩波書店、二〇〇一年(初版一九七九～八七年)
大川玲子『図説コーランの世界――写本の歴史と美のすべて』河出書房新社、二〇〇五年
小野仁美「マーリク派法学における子どものクルアーン教育――イスラーム法規定と教育専門書」『イスラム世界』七〇号、二〇〇八年
ガザーリー(中村廣治郎訳)『誤りから救うもの』、筑摩書房、二〇〇三年
菊地達也『イスラーム教「異端」と「正統」の思想史』講談社、二〇〇九年
私市正年「法の担い手たち」佐藤次高編『イスラム・社会のシステム』(講座イスラム3) 筑摩書房、一九八六年

クック、マイケル（大川玲子訳）『コーラン』岩波書店、二〇〇五年
小杉泰『イスラームとは何か――その宗教・社会・文化』講談社、一九九四年
小杉泰『クルアーン――語りかけるイスラーム』岩波書店、二〇〇九年
近藤真美「ウラマーの経済状態に関する一考察」『東洋史苑』七二号、二〇〇九年
佐藤次高『イスラームの生活と技術』（世界史リブレット17）山川出版社、一九九九年
佐藤次高『イスラームの国家と王権』岩波書店、二〇〇四年
谷口淳一「十一～十三世紀のハラブにおけるウラマー三家系――スンナ派優遇策とウラマー」『史林』七九巻一号、一九九六年
谷口淳一「十一～十三世紀ハラブのカーディーと支配者」『東洋史研究』五七巻四号、一九九九年
谷口淳一「十二世紀初頭ハラブの住民指導者たち」『史窓』五八号、二〇〇一年
谷口淳一「北シリアにおけるスンナ派優遇策の開始――十二世紀前半のハラブ」『史窓』六〇号、二〇〇三年
東長靖『イスラームのとらえ方』（世界史リブレット15）山川出版社、一九九六年
苗村卓哉「十五～十六世紀東アラブ世界におけるアルド――イブン・トゥールーンの自伝・名士伝記集を中心に」『オリエント』五三巻一号、二〇一〇年
中村廣治郎『イスラム教入門』岩波書店、一九九八年
長谷部史彦「中世エジプト都市の救貧――マムルーク朝スルターンのマドラサを中心に」長谷部史彦編著『中世環地中海圏都市の救貧』慶應義塾大学出版会、二〇〇四年
ハーン、ガブリエル・マンデル（矢島文夫監修、緑慎也訳）『［図説］アラビア文字事典』創元社、二〇〇四年

藤本勝次他訳『コーラン』全二冊、中央公論新社、二〇〇二年（初版一九七〇年）
堀井聡江『イスラーム法通史』山川出版社、二〇〇四年
堀内勝「Qirā'ah（コーランの読誦）に関するノート」『アジア・アフリカ言語文化研究』四号、一九七一年
三浦徹「ダマスクスのマドラサとワクフ」『上智アジア学』一三号、一九九五年
三浦徹『イスラームの都市世界』（世界史リブレット16）山川出版社、一九九七年
三浦徹「ウラマーの自画像――知の探求と現世利益」伊原弘・小島毅編『知識人の諸相――中国宋代を基点として』勉誠出版、二〇〇一年
三浦徹「中世エルサレムにおける救貧」長谷部史彦編著『中世環地中海圏都市の救貧』慶應義塾大学出版会、二〇〇四年
森山央朗「イスラーム的知識の定着とその流通の変遷――十～十二世紀のニーシャープールを中心に」『史学雑誌』一一三編八号、二〇〇四年
森山央朗「知識を求める移動――ハディース学者の旅の重要性の論理」メトロポリタン史学会編『歴史のなかの移動とネットワーク』桜井書店、二〇〇七年
湯川武「イブン・ハルドゥーンの教育論」『慶応義塾大学言語文化研究所紀要』一一号、一九七九年
湯川武「イブン・ジャマーアの教育論（一）――マルムーク朝時代のウラマーとマドラサ教育」『慶応義塾大学言語文化研究所紀要』二二号、一九九〇年
湯川武『イスラーム社会の知の伝達』（世界史リブレット102）山川出版社、二〇〇九年
al-Qāḍī, Wadād, The Salaries of Judges in Early Islam: The Evidence of the Documentary and Literary Sources, *Journal of Near*

Eastern Studies, 68.1(2009).

Ashtor, Eliyahu, *Histoire des prix et des salaires dans l'Orient médiéval*, Paris: S. E. V. P. E. N., 1969.

Berkey, Jonathan, *The Transmission of Knowledge in Medieval Cairo*, Princeton: Princeton University Press, 1992.

Chamberlain, Michael, *Knowledge and Social Practice in Medieval Damascus, 1190-1350*, Cambridge et al.: Cambridge University Press, 1994.

Cohen, Hayyim J., The Economic Background and the Secular Occupations of Muslim Jurisprudents and Traditionists in the Classical Period of Islam (until the Middle of the Eleventh Century), *Journal of the Economic and Social History of the Orient*, 13 (1970).

Ducène, Jean-Charles, *Certificats de transmission, de lecture et d'autition: exemples tirés d'un ms. du K.Ǧamāl al-qurrā' wa kamāl al-iqrā' de 'Alam al-Dīn al-Saḫāwī*. *Arabica*, 53.2 (2006).

Jackson, Sherman A., Discipline and Duty in a Medieval Muslim Elementary School: Ibn Ḥajar al-Haytamī's *Taqrīr al-maqāl*. *Law and Education in Medieval Islam: Studies in Memory of Professor George Makdisi*, edited by J. E. Lowry et al. Chippenham: E. J. W. Gibb Memorial Trust, 2004.

Makdisi, George, *The Rise of Colleges: Institutions of Learning in Islam and the West*, Edinburgh: Edinburgh University Press, 1981.

Tabbaa, Yasser, *Constructions of Power and Piety in Medieval Aleppo*. University Park (Pennsylvania): Pennsylvania State University Press, 1997.

Zaman, Muhammad Qasim, *Religion and Politics under the Early 'Abbāsids: the Emergence of the Proto-Sunnī Elite*, Leiden et al.: Brill, 1997.

図版出典一覧

著者撮影　口絵*2, 64, 68, 69, 89, 108, 114*

ユニフォトプレス　口絵*1*, 口絵*3*, 口絵*4*

Leder, Stefan, et al., *Recueil de Documents: fac-similés des certificats d'audition à Damas 550-750h./1135-1344*, Damascus: Institut Français d'Études Arabes de Damas, 2000, p. 80.　*50*

Lewis, Bernard, ed., *The World of Islam: faith, people, culture*, 1st pbk. ed., 1992, London: Thames and Hudson, 1997, p.112左下, p.46, p.112右下.　*36, 56, 74,*

Tabbaa, Yasser, *Constructions of Power and Piety in Medieval Aleppo*, University Park (Pennsylvania): Pennsylvania State University Press, 1997, Fig. 154.　*113*

谷口淳一（たにぐち じゅんいち）

1963年生まれ。

京都大学文学部卒業，京都大学大学院文学研究科博士後期課程研究指導認定退学，博士（文学，京都大学）。

専攻，イスラーム時代西アジア史。

現在，京都女子大学教授。

主要著作：ヒラール・サービー『カリフ宮廷のしきたり』（共著・監訳，松香堂 2003），「12－15世紀アレッポのイスラーム宗教施設」『西南アジア研究』62号（2005），「マムルーク朝時代のアレッポにおけるイスラーム宗教施設――ワクフと関与者の検討」『東洋史研究』66巻1号（2007）

イスラームを知る2
聖《せい》なる学問《がくもん》、俗《ぞく》なる人生《じんせい》 中世《ちゅうせい》のイスラーム学者《がくしゃ》
2011年7月20日 1版1刷印刷
2011年7月30日 1版1刷発行
著者：谷口淳一《たにぐちじゅんいち》
監修：NIHU（人間文化研究機構）プログラム
イスラーム地域研究
発行者：野澤伸平
発行所：株式会社 山川出版社
〒101-0047 東京都千代田区内神田1-13-13
電話 03-3293-8131（営業） 8134（編集）
http://www.yamakawa.co.jp/
振替 00120-9-43993
印刷所：株式会社 プロスト
製本所：株式会社 手塚製本所
装幀者：菊地信義